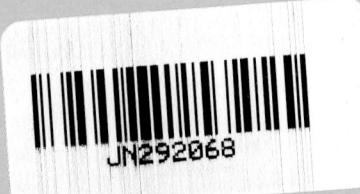

気になる子どもの＼できた！／が増える

体・手先の動き
3・4・5歳の
指導
アラカルト

神奈川県立保健福祉大学
作業療法士
笹田 哲

はじめに

　３、４、５歳の幼児は、子ども同士の交流や大人の関わりのなかで、飛躍的に生活スキルを獲得していきます。セルフケア（食事、着替え、トイレ、整容、入浴）がだんだんと１人でできるようになっていきますし、運動遊びや手遊びを体験して、バランスのとり方、指先の使い方なども獲得していきます。それらは、小学校入学後の生活の基本にもなります。しっかりいすに座れる、鉛筆で上手に書けるなど、小学校で必要とされる動きは幼児期にやしなわれた力があってこそ可能になるのです。

　私は作業療法士として、これまでたくさんの保育園や幼稚園などを訪問し、体や手先の動きに問題を抱える子どもたちへの対応について相談を受けてきました。

　たとえば、いすに座り続けられず、姿勢がすぐに崩れる子。服の着替えが極端にうまくいかない子。平坦な場所にもかかわらずよく転び、手が前に出なくて顔に傷を創る子……。このような気になる動きをする子どもたちはとくに近年増えてきているように思います。

　本書は、そうした子どもたちに効果的であった具体的な指導の方法をお伝えしようと思い書いたものです。

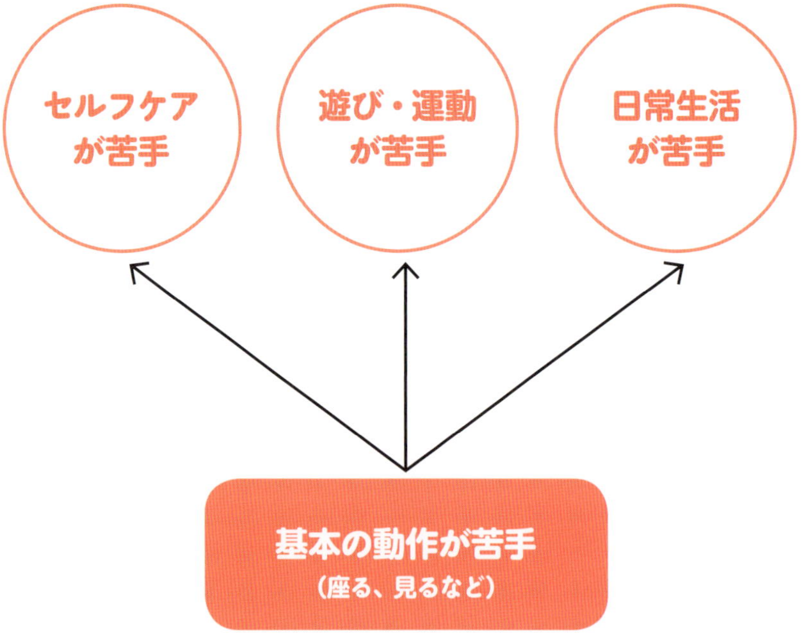

子どもができないときは、できるまで繰り返すのではなく、子どもの動きの様子をよく見てできない原因を探り、そのレベルに合わせて関わることが必要となります。そのための参考になればと願っております。

序章では、「苦手」を「できる」に変えるための基本として、子どもの動きの見方や考え方について解説しています。また、１章以降で、保育園・幼稚園で見られる苦手な動きを、「基本の動作が苦手」「セルフケアが苦手」「遊び・運動が苦手」「その他の苦手」に分けて解説しています。

１章では、すべての動きの基本となる、「座る」「立つ」「バランスをとる」「指先を使う」「見る」について取り上げます。2章では、「食事」「着替え」「トイレ」などのセルフケアに焦点を当て、箸、衣類などの操作について解説します。３章では、遊び・運動に焦点を当て、ボール遊び、お絵描き、ブランコ遊びなどについて見ていきます。４章では、家庭生活、園におけるその他の苦手として、階段の昇り降り、ケガについて取り上げます。

１章から４章の各項目は、「苦手チェックリスト」、「動きの説明」、「指導アラカルト」と３つの視点で構成しています。

５章では、保育園・幼稚園で、集団で行える、しかも、短時間でできる遊びプログラムを紹介します。174ページのコラムでは、日々の生活習慣に目を向け、コツコツ取り組める関わり方を紹介しています。

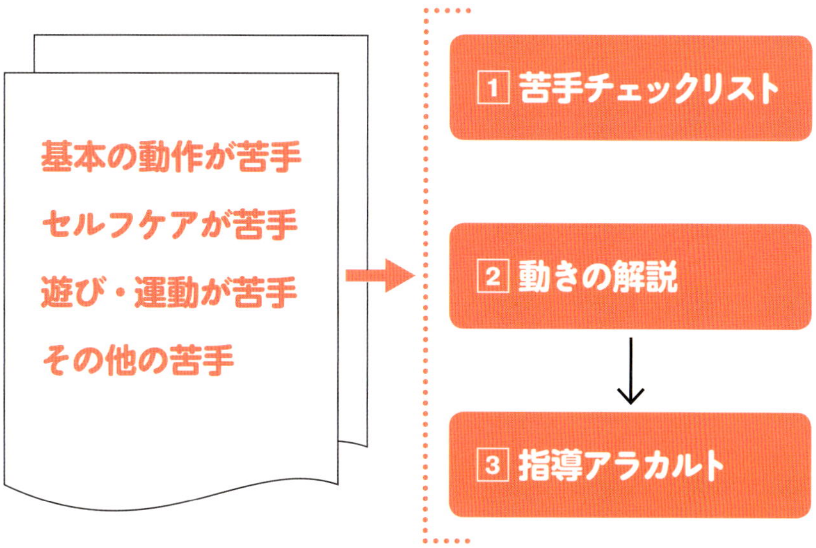

はじめに

1 苦手チェックリストでは、苦手な子に見られるパターンをあげています。チェックが多い場合は、単に経験不足の問題だけではなく、運動面に何らかの支障がある可能性が考えられます。

2 「動きの解説」では、それぞれの動きの解説を、ピラミッド構造で図式化しています。その動きを上手に行うメカニズムと、なぜそのような機能が必要なのか説明しています。ピラミッドは４段階に分かれています。第１段階は姿勢、バランスの土台の機能です。第２段階は、握り、つまみ、両手の操作など、指先に焦点をあてています。第3段階は、先生を見る、おもちゃや絵本を見るといった、視覚などの感覚機能の段階です。第4段階は、例えば、説明を聞いてやり方を考える、大人の話に注意をむけるといった行為や、やる気、意欲などが含まれ、ピラミッドの一番上位に位置しています。子どもたちに関わっていると、意欲、理解力、表現力、注意力などの第4段階にばかり、つい目がいきがちです。しかし、この第4段階の能力が十分発揮されるためには、下の第3段階の見る力や第2段階の指先の操作力が必要ですし、さらに机での活動においては座る姿勢、遊び・運動では立つ姿勢の第１段階が十分備わっ

動きのピラミッド

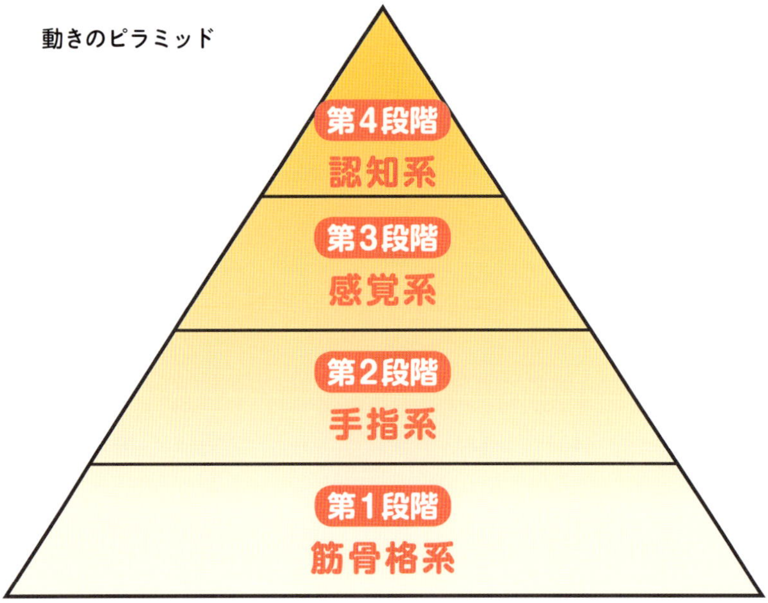

て、はじめて十分に力が発揮できます。第4段階だけにとらわれず、第1段階から第3段階までも注意して見ていきましょう。

3 指導アラカルトでは、保育園・幼稚園で取り組める運動プログラムを紹介しています。できない場合は、できるまで繰り返すのではなく、できるものから段階的に導入していきましょう。大人の思いが先走り、厳密にマネさせようとすると、子どもは拒否します。すぐに効果があらわれないこともあります、子どもの能力によって数か月かかる場合もあります。結果をいそがずに、あせらず子どもと一緒に、楽しく行ってください。

本書は、主に保育士さんや、幼稚園の先生などを対象に書かれた本ですが、大半の内容は家庭でも実践していただけるものです。対象となる子どもは、3、4、5歳児です。特に、来年就学を控えている年長児は、小学校生活でしっかり学習内容を体得できるように、入学までの保育園・幼稚園や家庭で、楽しく体、手先の動きを身につけてほしいと思います。

笹田 哲

指導アラカルトの記号の見方

★★★

難易度の3段階を、★印で表しています。難易度の低い指導（★1つ）から行いましょう。

家でできる　公園でできる　屋外でできる

園以外で、指導をするのに適した場所を示しています。

机　いす

指導に使う道具を示しています。

チェックリスト
2 3 4 10 に有効

苦手チェックリストとリンクします。指導がどんな子どもに特に適しているのかがわかります。

NG

ありがちな間違いを、写真と一緒に解説しています。

• before & after •

指導をする前とした後の、動きの比較です。指導の効果を確認しておきます（写真はモデルによるもの）。

目次

序章

「苦手」を「できる」に変えるために

1.「園ではできている」といっても……

子どもが3～5歳位の間には、食事では手づかみからスプーンや箸を持って食べられるようになる、着がえでは１人でズボンがはけるようになる……など、いろいろとできることがふえてきます。しかしその「できる」にも様々なレベルがあることに注意する必要があります。

たとえば、ある保育園で多動なことが気になるＡちゃんについて相談を受けていました。「Aちゃんは、着替えは１人でできますか？」と保育士さんに質問したところ、「それはできます」と返答を頂きましたが、実際に私が園でのＡちゃんの着替えの様子を観察すると、決められた場所と、限られた時間の中で、やっとできているというレベルでした。できることはよいことではありますが、小学校就学後のことを考えると、集団場面の中で、他の友だちとペースに合わせてできるかどうかも確認しておかなければなりません。このように同じ「できる」であっても、「どのようなレベルなのか」を見極めることが重要なのです。さらに、今できていたとしても、小学校に入学後、今しているやり方でよいのかも判断しなければなりません。できた結果だけにとらわれず、子どもがどのように取り組んだのか、その過程（プロセス）を見ていくことが大切です。

2. 遊びの重要性を知ること

最近は「遊びよりも文字や数字を勉強してほしい」と、遊びを軽視する傾向があります。しかし、体の使い方を学んだり、友だちとのコミュニケーションの仕方を学んだりと、遊びの効用は計り知れません。また、服の着替え、箸の使い方、お風呂で体を洗うなどの身の回りのセルフケアが苦手な子には、遊びを通して身につけるやり方が有効です。

私が遊びを紹介すると、「この遊びはやっています」、「すでに似たようなことはやりました」という反応があります。しかし同じ遊びでも、保育士さんがどういう視点で、子どものどこに働きかけているのかを正しく押えておくと、効果が違ってきます。

遊びで使う体の動きは、小学校の学習場面、たとえば、体育（走る、跳ぶ、投げるなど）、いすに座る、黒板を見る、鉛筆、定規、コンパスなどの学用品を指先で操作する動きの学習の土台になります。入学までに備えておきたい体の動きは遊びの中で育ちます。遊びは、子どもにとって、まさに栄養。必要不可欠なものといえます。

第1章

基本の動作が苦手

CONTENTS

1 座るのが苦手

就学に向けて 小学生になると、長時間いすに座って、書いたり聞いたりする機会が多くなります。好きなときに席を立つことはできませんので、床に座る習慣からいすに座る習慣にシフトさせておきましょう。

1 苦手チェックリスト

こんな子いませんか？

1. 腰が後ろに丸まっている（骨盤が後傾している）
2. 足が床から離れている
3. ひざを伸ばして、足を前に放り出して座っている
4. いすの背にもたれて、深く座っている
5. 足を座面にのせて座っている
6. くつのかかとを踏んで座っている
7. いすから滑り落ちそうになる
8. ひじや腕をついて机にもたれかかる
9. 床に座るときに割り座になっている（P13参照）
10. いすに座らず、寝そべってしまう

2　動きの解説

長時間座るためには、姿勢を保たなければなりません。そのため、筋肉だけでなく、バランス感覚も重要になります。また、足がしっかり接地していると安定性が増します。

［座位のピラミッド構造］

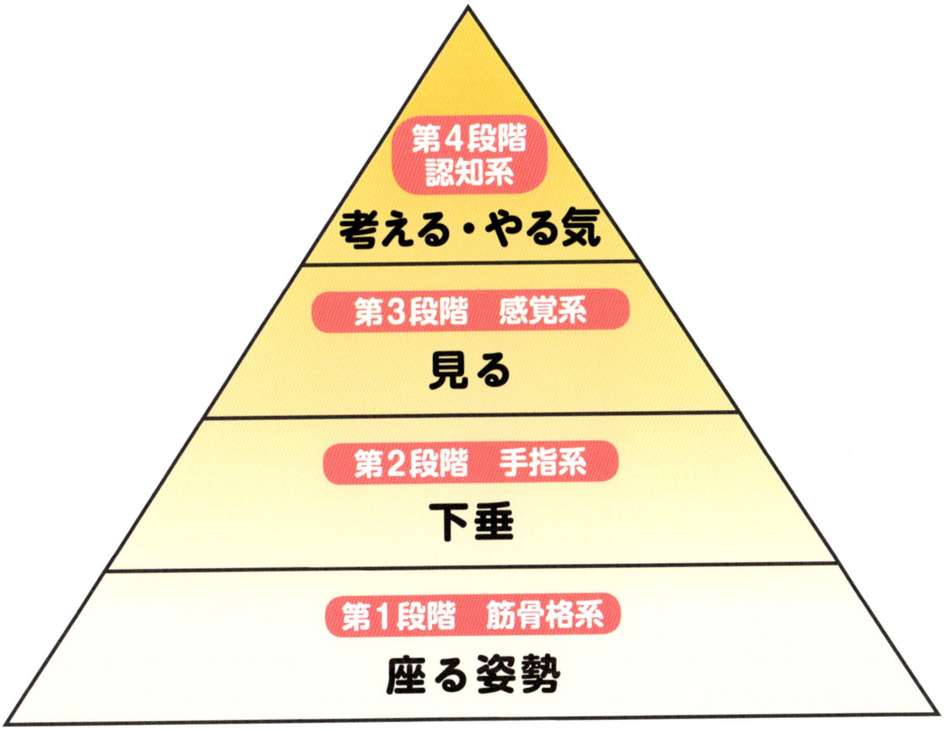

上手に座るためには、やる気や考える（第４段階）だけでなく、腕の力を抜いて（第２段階）、体を支える筋肉（第１段階）と位置情報をキャッチする視覚、バランス感覚の相互の働きが必要です。

POINT!

- **腰が後傾しないよう、セット位置を確認する**
- **筋肉を鍛えるのではなく、バランス感覚をやしなう**
- **足が床についていると座位が持続する**

→ 姿勢が崩れる原因は腰にあります。腰が後傾しないよう、セット位置を確認しましょう。筋肉を鍛えても正しく座れるようになりません。バランス感覚をやしないましょう。座る姿勢を「続ける」ためには、足の支えが重要になります。

3 指導アラカルト

腰セット ★

正しい姿勢をうながす

腰の位置を口頭で説明するだけでは改善しないときは、次のようなサポートが有効です。背中の真ん中と胸に手を当ててサンドイッチし、上に持ち上げるようにします。腰が起きている（骨盤が前傾している）か確認します。

家でできる
いす
チェックリスト
1 4 7
に有効

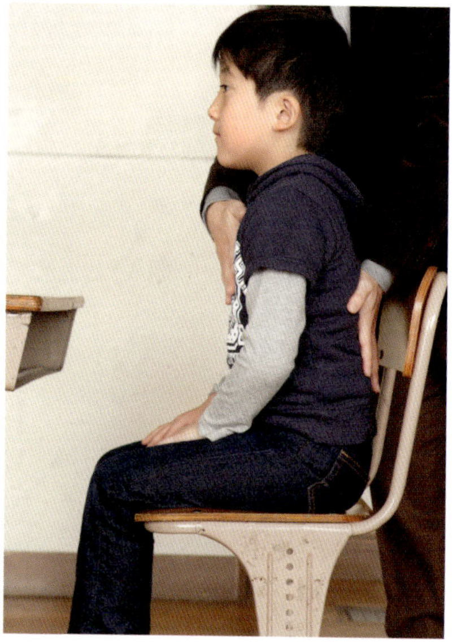

手でサポートして、正しい腰の位置を覚えさせます

足セット ★

正しい姿勢をうながす

腰だけでなく、足にも注目しましょう。足の支えがないと不安定になり、長く座り続けることが困難になります。

1）足が床から離れブラブラしている→足を床につけます
2）足を前に放り出している→ひざを曲げ、足の底を床につけます
3）くつを脱ぐ、かかとを踏む→くつを履き、足を床につけて座るようにうながします

触覚の過敏が原因でくつを脱いでしまうことも考えられるので、チェックしましょう（→P80参照）。

家でできる
いす
チェックリスト
2 3 5 6
9 10 に有効

NG
左右の足の裏が床についていないので、体を支えられていない状態です

足の裏が床についているので、座りが安定します。いすの座面が高い場合は、調整をしましょう

割り座対策　★

正しい姿勢をうながす

割り座をすると背中が丸まってしまうので、骨盤のゆがみにつながります。正座、もしくは長座（足を前に伸ばす）に変えてあげましょう。

家でできる
チェックリスト
2 3 5 6 9 10 に有効

割り座をすると、骨盤が丸まり、猫背になりやすくなります

机と体の距離を確認する　★★

正しい姿勢をうながす

体を机から少し離すのが正しい姿勢です。字を書くときは体幹を前傾させますので、体と机の距離が近すぎると動きが抑制され、逆に骨盤の後傾を引き起こしてしまいます。姿勢を崩す原因になるので、机と体の距離を確認しましょう。

家でできる
いす　机
チェックリスト
4 8 に有効

机と体の距離は、こぶし１個分が適当です

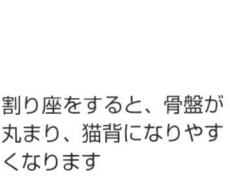

浅く座る

★

正しい姿勢をうながす

いすに深く腰かけ、背もたれにぴったりつけて座っていると、骨盤が後傾し背中が丸まりますので、注意が必要です。寄りかからず浅く座り、骨盤を前傾させます。

家でできる

いす　机

チェックリスト
1 4 7
に有効

机との距離が適度に離れています。いすに浅く座り、背骨がまっすぐ伸びた状態になっています

あぐら座り

★

正しい姿勢をうながす

手で体を支えないようにするために、腕を組みます。股関節をしっかり広げてあぐら座りをします。

家でできる

チェックリスト
1 4 7
に有効

NG

骨盤が後傾して、猫背になっています

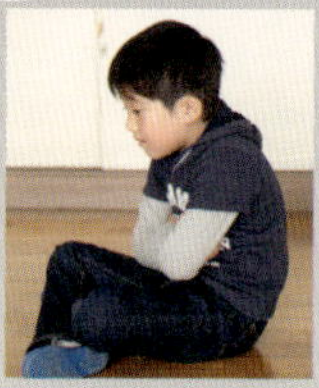

あぐらといっても、足を軽く組むだけで構いません

足脚体操　★★

正しい姿勢をうながす

脚の内側を、もう片方の足の裏でこすります。内側のくるぶしに土踏まずを当て、10cm程度上方にこすり上げたら、元の位置に戻します。両方の足で、それぞれ４回程度行います。

家でできる
いす
チェックリスト
1 4 7 8 9
に有効

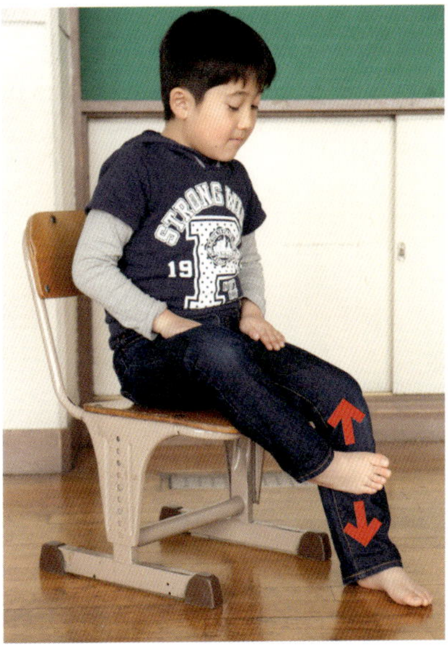

この運動をすると、自然に背筋が伸びます

• before & after •

腰の位置、足の位置をセットしてあげると、背もたれに寄りかからない、骨盤が前傾になった正しい姿勢をとることができるようになります。

before

いすに深く座り、骨盤が後傾。足の裏も床についていません

after

いすに浅く座り、骨盤が前傾。足の裏が床にぴったりついています

座るのが苦手な子への
サポートのコツ

足と腰を正しくセットすることが大切

背筋を伸ばすためにもっとも重要なのは、腰の位置です。次に、足できちんと体を支えているかを確認します。

2 立つのが苦手

就学に向けて 小学校では、校庭や体育館に集合して、しずかに立って話を聞く機会が多くなります。一定時間、正しい姿勢で動かずに立ち続けられるようにしておきましょう。

1 苦手チェックリスト

こんな子いませんか？

1. 背中を丸めて立っている
2. 頭が前に落ちてしまう
3. 片方の足に体重をかけて立っている
4. つま先に体重をかけて前のめりで立っている
5. 上体が左右どちらかに曲がっている
6. お尻を後ろに突きだして立っている
7. 腰の背中側が曲がっている
8. 内股になっている
9. 全身（肩、腕など）に力を入れて立っている
10. 頭を左右に傾けて立っている

2　動きの解説

立つときには、足腰の筋力だけを使っているわけではありません。位置情報をキャッチするバランス感覚や視覚の情報も使っています。

[立位のピラミッド構造]

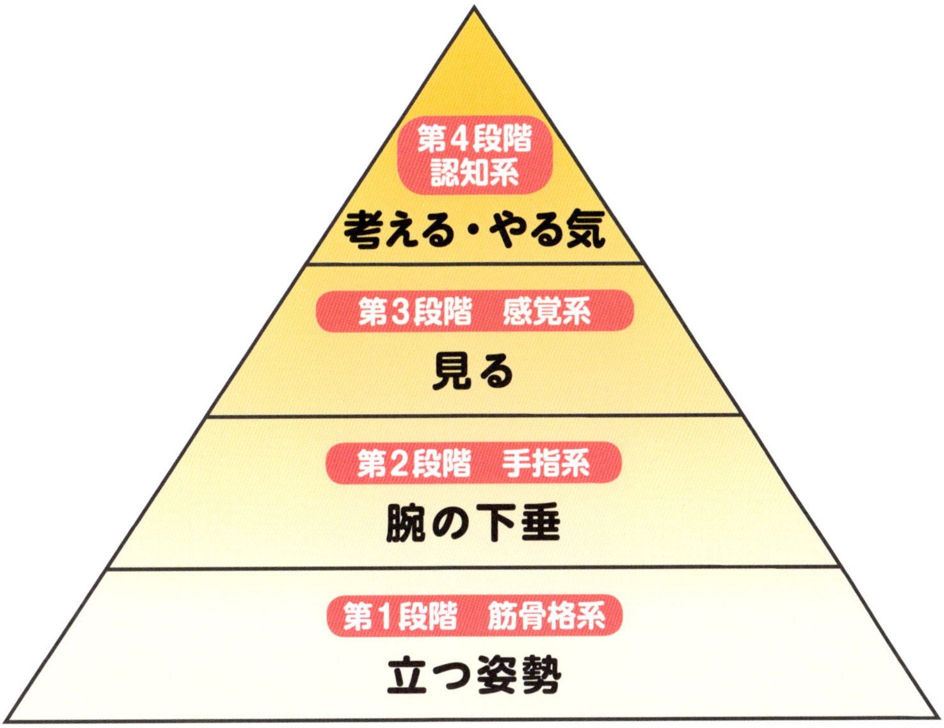

上手に立つためには、やる気や考える（第４段階）だけでなく、腕の力を抜いて（第２段階）体を支える筋肉（第１段階）と、位置情報をキャッチする視覚、平衡感覚（第３段階）の相互の働きが必要です。

POINT!

- **足底面の中央部よりも前方に体重をかける**
- **腰を後方に突き出さないように立つ**
- **位置を確認する「見る力」も重要**

→ 立ったときは、かかとではなく、中央より前方に体重をかけるようにします。また、背中よりも腰から崩れる原因になりますので、腰が後方に突き出ていないか確認しましょう。

3 指導アラカルト

あぐら座り（P14参照）

★

家でできる
チェックリスト
8 に有効

線上起立

★★

バランス感覚をやしなう

テープやひもなどで線を引きます。かかととつま先をくっつけて、足の裏が線上にのるように立ちます。

家でできる
チェックリスト
3 5 に有効

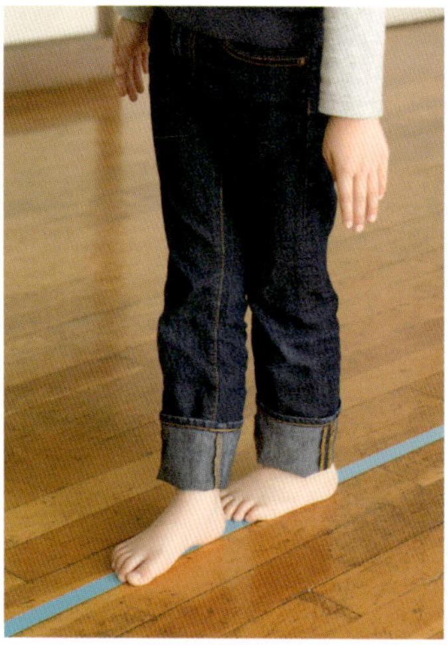

左右を逆にしてもおこないます

手組み後ろ伸ばし体操

★★

背筋の伸ばしをうながす

両手を背中側で組み、お尻につけます。次に両手を組んだままお尻から離します。5回程度繰り返します。

家でできる
チェックリスト
1 2 5 に有効

両手を背中で組みます

両手を組んだままお尻から離します

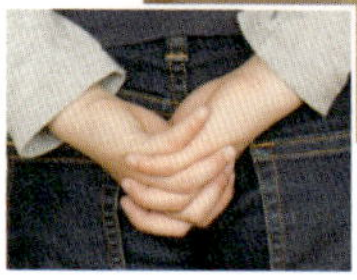

両手をしっかりと組み合わせます

振り子立ち体操

★★★

体幹の筋力をやしなう

つま先立ちとかかと立ちを組み合わせた体操です。まっすぐに立ち、足の位置をずらさないようにして、つま先立ちとかかと立ちを繰り返します。体幹を動かしてバランスがとれているか確認します。

家でできる
チェックリスト
1 2 4 6 7
に有効

まっすぐ立ちます

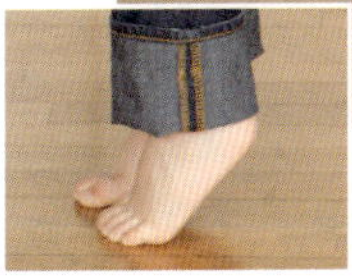

つま先立ちをします

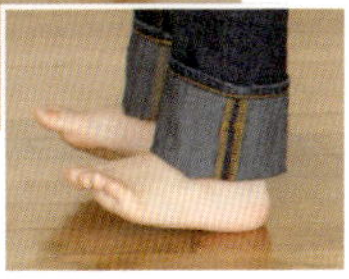

かかと立ちをします

天井体操

★★

背筋を伸ばし、手首の力をうながす

立ち姿勢から天井を見て、手のひらを天井につけるように背伸びします。顔が天井を向くように注意します。この体操をすると、背筋が伸びると同時に、手首の反らしと頭部の伸ばしもうながします。さらに、背伸びをするので、足首も鍛えることができます。

家でできる
チェックリスト
1 2 6 7
に有効

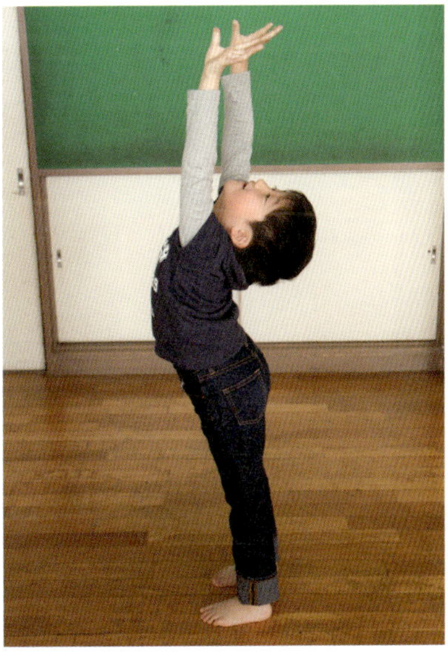

天井を見て、手のひらを天井につけるように背伸びします

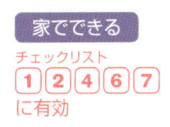

つま先歩き ★

バランス感覚、足首、ふくらはぎの力をやしなう

かかとを床から離してつま先を使って歩きます。早く歩きがちなので、ゆっくり歩くように意識させます。前方を見て歩くようにうながしましょう。

前方を見て歩きます

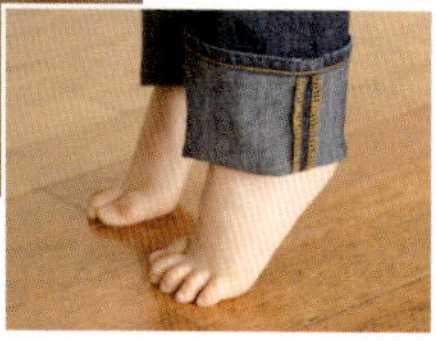

つま先を使って歩きます

家でできる
チェックリスト
1 3 に有効

かかと歩き ★★

背筋の伸ばしをうながす

つま先を床から離し、かかとを使って歩きます。ペンギン歩きとも呼ばれている運動です。早く歩いてしまいがちなので、ゆっくり歩くようにうながします。体幹が伸びているかも確認しましょう。

背筋を伸ばします

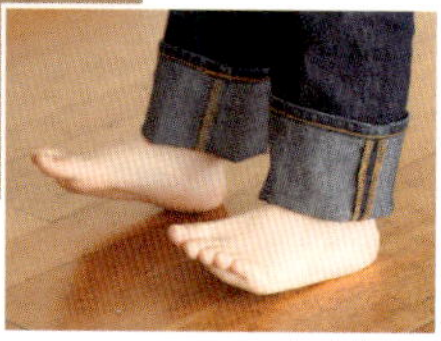

かかとを使って歩きます

家でできる
チェックリスト
1 4 に有効

ひじ合体体操 ★

背筋の伸ばしをうながす

腕を水平に伸ばし、ひじを曲げ、手を軽く肩につけます。左右のひじを体の中央部でつけます。しっかりつけたら、元に戻ります。これを５回程度繰り返します。

家でできる
チェックリスト
1 9 10 に有効

ひじは曲げ、手を軽く肩につけます

左右のひじを体の真ん中でくっつけます

四つばいと高ばい歩き

★★

腕・足の力、バランス感覚をやしなう

家でできる
チェックリスト
8 に有効

ひざをつけるのが四つばい、ひざをつけないのが高ばいです。歩くときに、脚を外側から振り出さないように注意します。

ひざを床につけて、はうのが四つばいです

ひざを床から離したままはうのは高ばいです

• before & after •

体幹を意識し、まっすぐに立てるようになります。

before

背中が丸まっています

after

背筋がまっすぐになっています

立つのが苦手な子への
サポートのコツ

立つ姿勢も腰のセットから

立つ姿勢でも腰が最重要部位です。立ったときに腰が後ろに下がって背筋が曲がっていないかチェックし、曲がっていたら本書で紹介している運動で改善してあげましょう。

3 歩くのが苦手

就学に向けて 小学校に入ると、自分のペースではなく、集団でみんなのペースに合わせて歩くことが求められます。また、教室内や校内など、障害物が多いところを歩く機会も増えてきます。机や人にぶつからないように歩けることも大切です。

1 苦手チェックリスト

こんな子いませんか？

1. 猫背で歩いている
2. 下を向いて歩いている
3. まっすぐに歩けない
4. 腕を振らないで歩く
5. 歩くとすぐに転ぶ
6. 体を傾けて歩く
7. よそ見をして歩く
8. ぱたぱたと音をたてて歩く
9. つま先立ちして歩く
10. 静かに歩けない

2　動きの解説

足を床につけるときは、かかとからつま先の順で床につきます。「足」から歩くのではなく、「腰」から歩く動きをイメージするとよいでしょう。

［歩行のピラミッド構造］

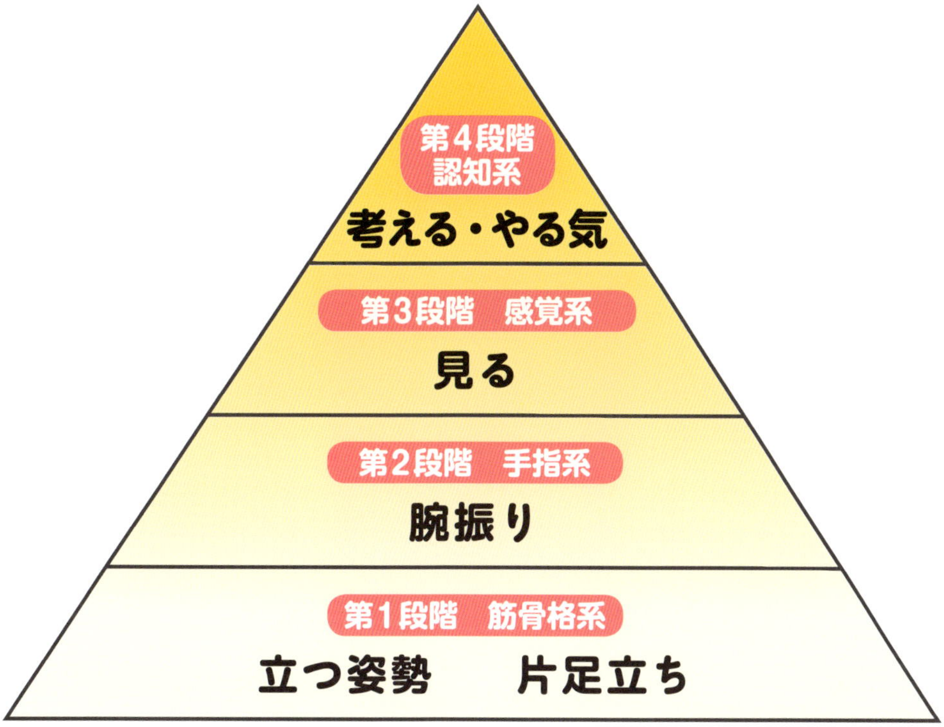

上手に歩くためには、やる気や考える（第４段階）だけでなく、体を支える筋肉や体幹の動き（第１段階）と、腕の振り（第２段階）、位置情報をキャッチする視覚、平衡感覚（第３段階）の相互の働きが必要です。

POINT!

- **腰や体幹をひねって歩く**
- **かかとから接地する**
- **腕には力を入れない**

→ **足や腕を動かすことよりも、腰や体幹のひねる動きを上手に使いながら、足や腕を交互に振り出します。**

3 指導アラカルト

体ひねり体操 ★★

家でできる
チェックリスト 3 4 5 6 に有効

体幹のひねりをやしなう

起立して手をひじにあて、腕を下げずに水平に保持し、左右にひねります。

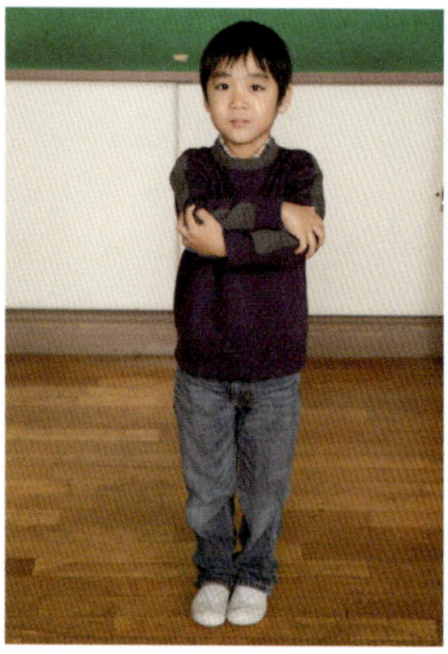

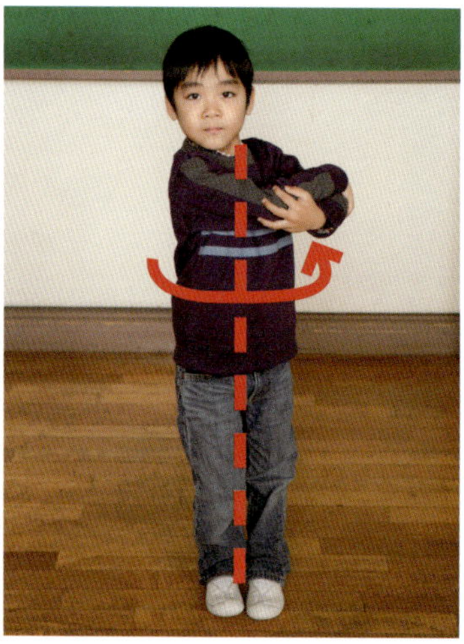

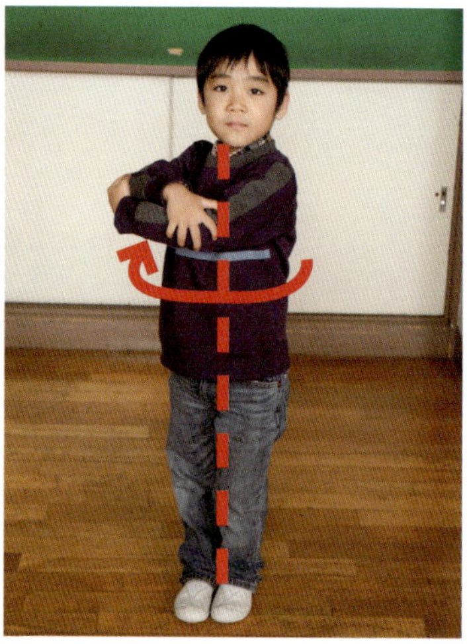

顔と下半身は動かさず、上半身だけひねります

後ろ手組み歩き ★

背筋の伸ばしをうながす

起立して手を後ろに組みます。下を見ないように、正面を見ながら背筋を伸ばし、胸を広げて歩きます。

前を見て、背筋を伸ばして歩きます

家でできる
チェックリスト 1 2 3 6 に有効

忍者歩き

★★

バランス感覚をやしなう

つま先から床につけるように、静かに、ゆっくり歩きます。早く歩かないように気をつけましょう。

つま先歩きではありません。つま先から順番に、ゆっくりとかかとまでつけます

家でできる
チェックリスト
5 7 8 10
に有効

手合わせ歩き

★★

バランス感覚をやしなう

手のひらを体の真ん中で合わせ、両手を押しながらまっすぐに歩きます。

家でできる
チェックリスト
1 2 3 6
に有効

手ではなく前を見て歩きます

線上起立（P18参照）

★★

家でできる
チェックリスト
3 5 6 7
8 10 に有効

ひざ立ち歩き

★

バランス感覚をやしなう

両方のひざを床につけて歩きます。

家でできる
チェックリスト
1 3 4 6
に有効

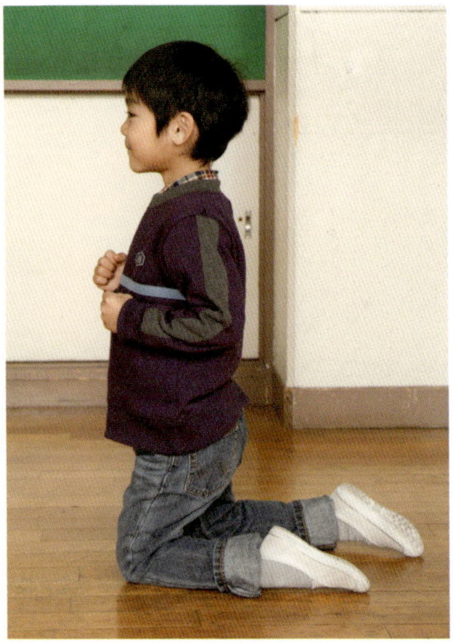

前を見て、ひざで前に進みます

四つばいと高ばい歩き（P21参照）

★★

家でできる
チェックリスト
1 2 5 6
に有効

足脚体操（P15参照）

★★

家でできる
チェックリスト
9 に有効

腕振りダンス

★★

体幹のひねり、
バランス感覚をやしなう

腕の振りを意識して体幹をひねります。

家でできる
チェックリスト
4 に有効

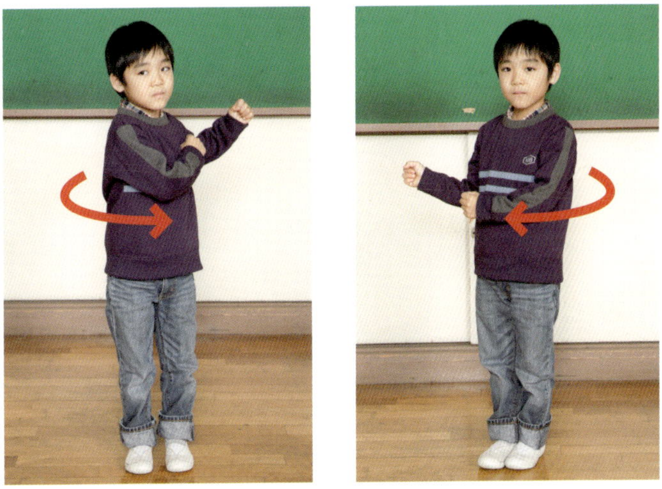

下半身は動かさず、上半身をひねります

• before & after •

本書の運動を行っていくと体幹が安定し、背筋を伸ばす力がやしなえるので、まっすぐに立って、腕を振って歩けるようになります。

before

下を向き、背筋が曲がっています

after

背筋が伸び、腕を振って歩いています

歩くのが苦手な子への
サポートのコツ

腕振りにとらわれすぎない

歩くのが苦手な子供に対しては得てして腕の振りを直そうとしがちですが、腕ではなく体幹をひねる動きが重要です。

4 バランスをとるのが苦手

就学に向けて 小学校では、一定の時間「座り続ける」「立ち続ける」場面が多くなります。これらの活動には筋肉だけではなく、バランス感覚が必要になります。

1 苦手チェックリスト

こんな子いませんか？

1. 動くときに体がふらつく
2. 部屋や廊下など平らな所でもよく転ぶ
3. 座っていると、徐々に姿勢が崩れてくる
4. 体が硬く見える（腕や首の動きが少ない）
5. 物や人によくぶつかる
6. 三輪車、自転車に乗るのをこわがる
7. 階段の昇り降りが上手にできない
8. プールや風呂など水の中で上手に体を動かせない
9. ブランコの揺れをこわがる
10. ボールを上手に蹴れない

2　動きの解説

筋力だけ鍛えても、バランス感覚のアップは期待できません。バランス感覚は、体幹の動きや視覚が一体となって、はじめて効果を発揮するのです。

［バランスのピラミッド構造］

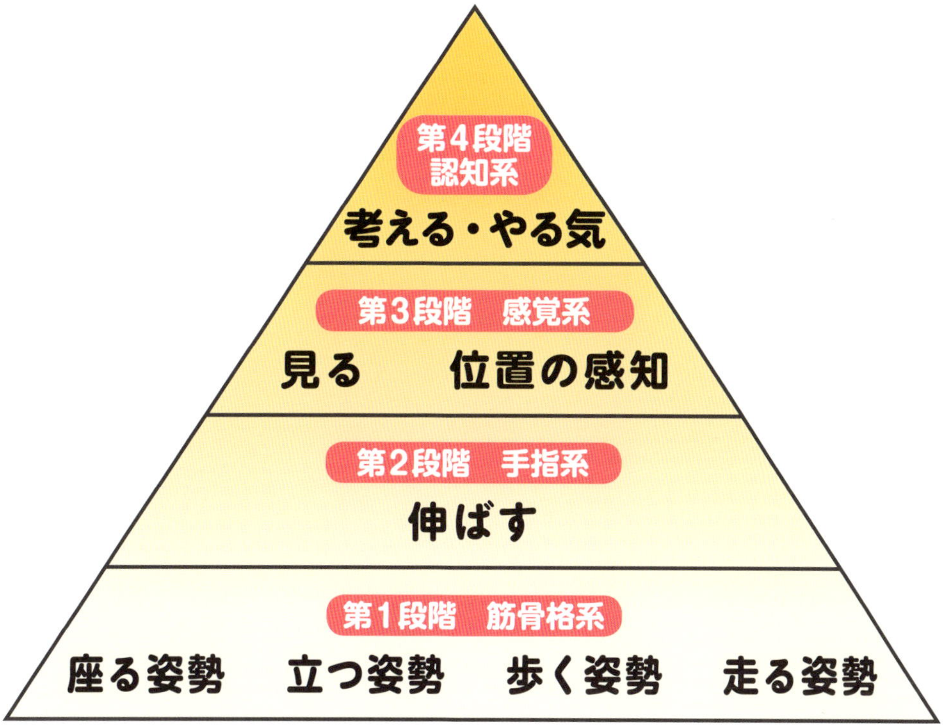

上手にバランスをとるには、やる気や考える（第４段階）だけでなく、体が傾いたときは腕を伸ばし（第２段階）て体を支える筋肉（第１段階）と、位置情報をキャッチする視覚、バランス感覚（第３段階）の相互の働きが必要です。

POINT!

- **体幹が安定するとバランスがとれる**
- **バランスがとれると、姿勢が保持される**
- **バランスをとるには見る力も重要**

→ **上手にバランスをとるには、体幹の安定性とバランスが必要です。一見関係ないように見えますが、座りながら手作業するようなときにも、体は自然にバランスをとっているのです。**

3 指導アラカルト

線上起立（P18参照）

★★

家でできる
チェックリスト
1 2 4 5 7
に有効

線上歩行

★★

バランス感覚をやしなう

線を引き、その上にかかととつま先をつけて歩きます。慣れてきたらスピードを上げます。畳の縁や、屋外の場合は縁石などを使ってもよいでしょう。

線からはずれないように歩きます

家でできる
チェックリスト
1 2 4 5
7 10 に有効

片ひざ立ち

★★

バランス感覚をやしなう

片方のひざを床につけたまま、ふらつかないように静止します。

上体をまっすぐに起こします

家でできる
チェックリスト
1 2 4 5
に有効

ひざ曲げ体操

★★

バランス感覚をやしなう

上体を起こしたまま、片方のひざを曲げて踏み込みます。

家でできる
チェックリスト
1 2 4 5 7 10 に有効

上体を倒さずに、できるだけ腰をおとします

横転

★

バランス感覚をやしなう

頭を起こして床に寝て、ゴロゴロと体幹をひねりながら横転して移動します。

家でできる
チェックリスト
1 2 3 4 5 8 に有効

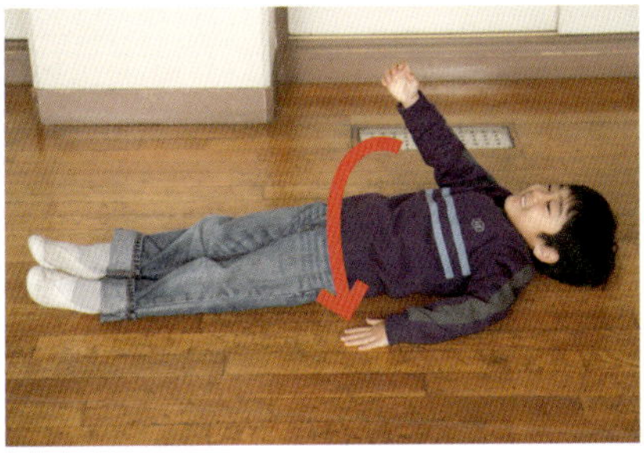

床に寝て、ひねりながら横転します

NG
頭が起きず、エビ反りになっています

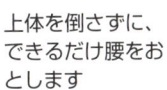

いすの活用 ★

バランス感覚をやしなう

いすの下にうつぶせに寝ます。いすの脚にぶつからないように、寝返りをしてあお向けになります。

家でできる
いす
チェックリスト
1 2 3 4 5 8 に有効

うつぶせに寝ます

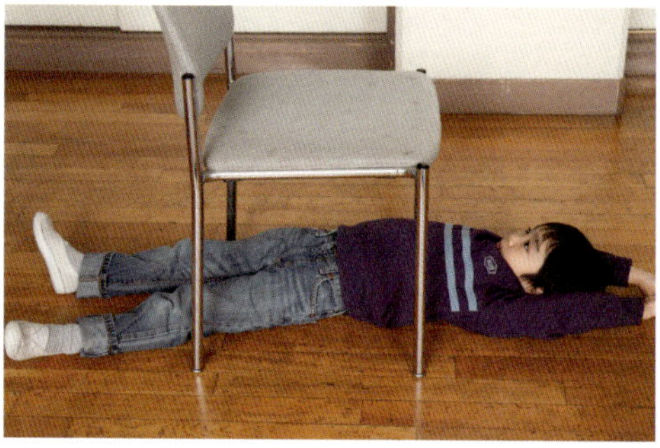

寝返りをしてあお向けになります

いすトンネル ★

腕の力、バランス感覚をやしなう

いすの脚の間を前後左右に通り抜けます。はって通る、四つばいで通るなど、体の大きさなどに合わせて通り抜け方を選びましょう。テーブルを使ってもよいでしょう。

家でできる
いす
チェックリスト
1 2 3 5 7 8 に有効

四つばいで前後に通り抜けます

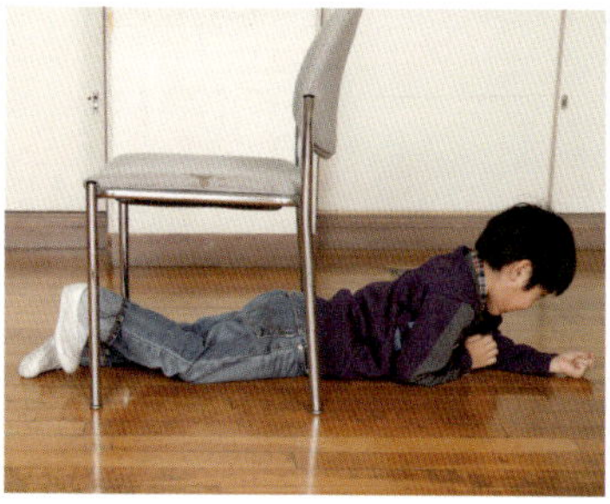

いす上がり ★★

腕の力、バランス感覚をやしなう

いすの下にあお向けで寝ます。次に、両手でいすにつかまり、頭を起こします。大人がいすの正面に立って「こっちを見て」と声がけし、首をあげるようにうながしてもよいでしょう。

いすにつかまって、頭を起こします

家でできる
いす
チェックリスト
1 2 3 9 に有効

四つばいと高ばい歩き（P21参照）

★★

家でできる
チェックリスト
1 2 3 5 7 8 に有効

手つき片足ケンケン

★★★

腕の力、脚の力、バランス感覚をやしなう

高ばい姿勢で、片脚を上げてケンケンします。

家でできる
チェックリスト
6 7 8 10 に有効

バランスが崩れないようにケンケンします

壁立ち

★★★

バランス感覚をやしなう

両手を床につけて、体を支えます。次に、足を壁につけて、両足が落ちないように保持します。

両手と脚の力で体を支えます

家でできる
チェックリスト
1 2 3 5 7 8 に有効

スケボー滑り

★★

バランス感覚をやしなう

スケボーなどの、キャスターが付いたボード上で腹ばいとなり、両手でこいで前進します。ボールを転がして追いかけるのもよいでしょう。

転がるボールを、スケボーを腹ばいで動かしながら追いかけます

家でできる
ボード ボール
チェックリスト
1 2 3 4 7 8 9 に有効

バランスボールの活用

家でできる
バランスボール
チェックリスト
1 2 3 4 5 6 7 8 9 に有効

バランス感覚をやしなう

バランスボールの空気を少し抜き、乗りやすくします。いろいろな乗り方をして、崩れないように姿勢を保ちます。

★★ 腹ばいに乗って、両手を床につけます

★★ あお向けに乗って、両足を床につけます

★★★ あお向けで、片足だけ床につけます

★ 両足を床につけたまま、座ります

★★★ 座ったまま、両足を床から離します

★★ 座ったままバランスが上手にとれない場合は、両足を壁につけて、体を支えます

うちわ＆ビニール歩き

★★

バランス感覚、手首の力をやしなう

ビニール袋に空気を入れて縛り、風船のようにします。ビニール風船をうちわに乗せ、落とさないように歩きます。

家でできる
うちわ　ビニール袋
チェックリスト
1 2 3 5 に有効

ビニール風船をうちわに乗せ、落とさないように保持します

そのまま歩きます

トランポリンの活用

★★

家でできる

トランポリン

チェックリスト
1 2 3 5 7
8 9 10 に有効

バランス感覚をやしなう

トランポリンから落ちないように、姿勢を調整しながらジャンプします。寝た状態で腰を浮かせ、脚をバタバタさせるのもよいでしょう。また、トランポリンに乗り降りするだけでも、よい運動になります。

立ったままジャンプします

ひざ立ちでジャンプします

トランポリンの縁に沿って歩くのもよいでしょう

あお向けに寝て、脚をバタバタ動かします

• before & after •

バランスボールを使うことで、姿勢よくバランスがとれるようになります。

before

下を見て、猫背になっています

after

背筋が伸び、まっすぐ前を見ています

バランスをとるのが苦手な子への
サポートのコツ

座る、立つときのバランス感覚は体を微調整する運動で

「バランス」をやしなうにはダイナミックな動きだけでなく、静かに体を微調整する動きも取り入れていきましょう。

5 指先を使うのが苦手

就学に向けて 小学校では鉛筆、定規、コンパス、はさみなど、指先を使う学用品を用います。上手な指先の使い方を身につけておきましょう。

1 苦手チェックリスト

こんな子いませんか？

1. 鉛筆の操作が上手にできない
2. 消しゴムで上手に消せない
3. 上手に紙が折れない
4. ビーズなどの小さいものを上手につまめない
5. ファスナーを上手に開け閉めできない
6. ボタンを上手にかけられない
7. 荷物やかばんを上手に持てない
8. スプーンを上手に持てない
9. 箸を上手に使えない
10. ボールを上手に握れない

2　動きの解説

指先の動きといっても、指先の筋肉や力だけに注目してはいけません。まず、しっかりと座れることが前提になりますし、見る、ものに触る、力を入れるなどの感覚機能を働かせることも重要です。

[指先のピラミッド構造]

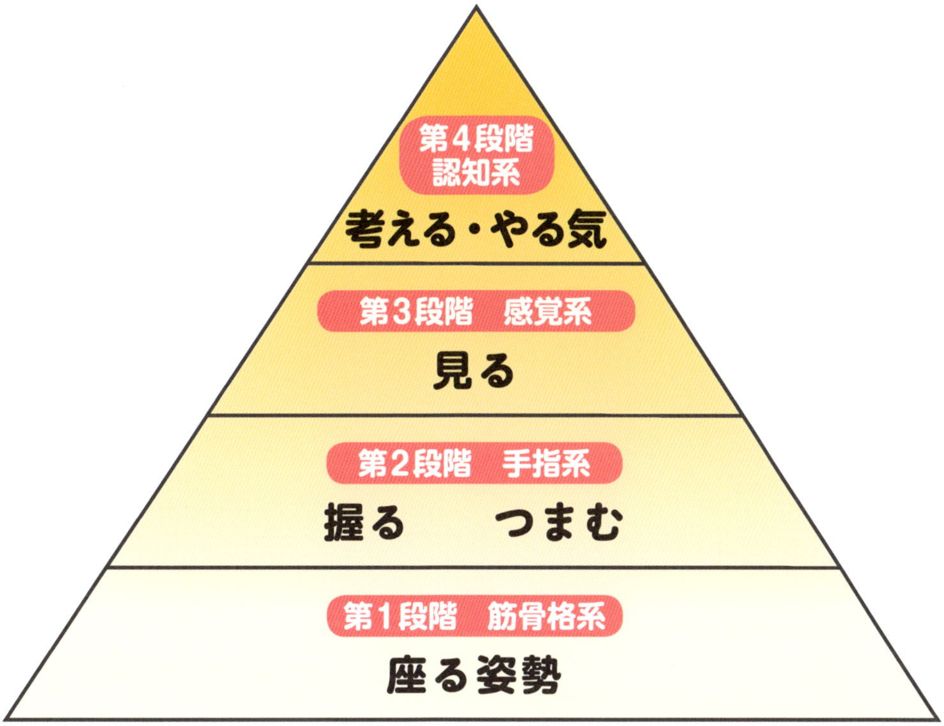

指先を上手に使うためには、やる気や考える（第４段階）だけでなく、手元をよく見て（第３段階）、座り続けながら（第１段階）、指先を操作する（第２段階）ことが必要です。

POINT!

- **指先の動きには「握り」と「つまみ」がある**
- **手首の動きを確認する**
- **深部感覚（力加減など）、触覚や視覚などの感覚も使う**

→ 指先の動きには「握り」と「つまみ」がありますが、どちらにも手首の動きが重要になります。また、筋肉だけではなく、触覚や視覚などの感覚系も使わないと、上手に指先を使えません。

3 指導アラカルト

新聞紙丸め

★

握り、両手の操作をうながす

新聞紙を、できるだけ小さなボールになるように両手で丸めます。
持続的に力が出せているかを確認しましょう。

しっかり固まるまで新聞紙を
丸め続けます

家でできる
新聞紙
チェックリスト
2 7 10 に有効

ペーパータオルの活用（P88参照）

★

家でできる
ペーパータオル
チェックリスト
2 7 10 に有効

スタンプ遊び

★

握りの力をやしなう

スタンプはやや大きめの物を用意します。しっかり握り、紙に押し付けます。

家でできる
スタンプ
チェックリスト
2 7 10 に有効

握りの部分をしっかり握り、スタンプを押します

ブロック遊び

★★

握りをやしなう

両手にブロックを持って、くっつけたり、離したりして遊びます。難しい場合は、事前に大人がブロックをくっつけておき、子どもが離すようにうながします。

家でできる
ブロック
チェックリスト
2 7 10 に有効

両手でブロックを握って
くっつけます

ペットボトル振り

★★

握り、手首・腕の力をやしなう

ペットボトルに１/３程度水を入れます。ペットボトルを両手で握り、上下に振って中の水を混ぜます。また、キャップの部分を片手で握って振ったり、水平に傾けて両手で左右に振ったりするのもよいでしょう。

家でできる
ペットボトル
チェックリスト
2 7 10 に有効

ペットボトルを両手で握って振ります

片手でキャップを握って振ります

両手で左右に振ります

NG

足が床から
離れてしまっています

セロテープの活用 ★★

つまみをうながす

新聞紙を丸めたものにテープを貼り、ボールをつくります。小型のテープを使えば、両手を使うことになるので、操作性を高めることになります。

家でできる

新聞紙 テープ

チェックリスト

1 3 4 5 6 8 9 に有効

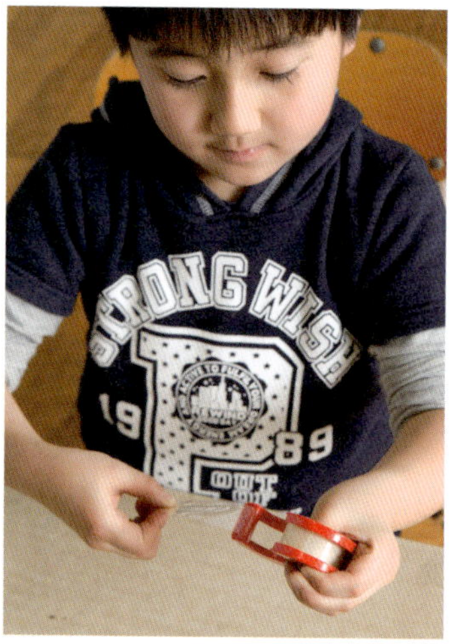

小型のテープの場合は、両手を使います

シールの活用 ★★

つまみをうながす

大きいサイズから、小さいサイズまで、いろいろなサイズのシールがあります。シールをはがして、紙などに貼りつけます。シールをはがしたり、紙につけたりする動きは、つまみの学習になります。

家でできる

シール 紙

チェックリスト

1 3 4 5 6 8 9 に有効

小さいシールをはがして、紙に貼りつけます

新聞紙・チラシちぎり ★

つまみをうながす

チラシまたは新聞紙を持って、両手でちぎります。指先を使うようにうながします。

家でできる

チラシ 新聞紙

チェックリスト

1 3 4 5 6 8 9 に有効

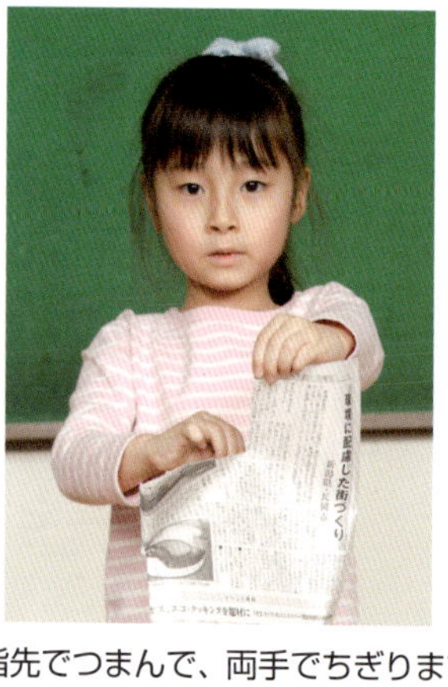

新聞紙を指先でつまんで、両手でちぎります

折り紙 ★★

つまみをうながす

紙や色紙などを折ります。作品を作る必要はありません。レベルに応じてジャバラに折るなどするとよいでしょう。

折り紙をしっかり折ります

家でできる
折り紙
チェックリスト
1 3 4 5 6 8 9 に有効

カード遊び ★★

指先の力をやしなう

カードを落とさずに、両手で扇形に広げます。

カードを扇型にして保持します

家でできる
カード
チェックリスト
1 3 4 5 6 8 9 に有効

紙引っ張りゲーム ★★

親指・手首の力をやしなう

厚紙を親指と人さし指にはさみ込み、引っ張り合います。両手と片手でおこないます。

家でできる
厚紙
チェックリスト
1 3 4 5 6 8 9 に有効

両手で引っ張り合います

片手で引っ張り合います

指ずもう ★★

親指・手首の力をやしなう

親指以外の４本の指で、握り合います。次に、親指をまっすぐ伸ばし、相手の親指を押さえ込みます。

家でできる
チェックリスト
1 3 4 5 6
8 9 に有効

押さえ込んだほうが勝ちです

洗濯ばさみ ★★

つまみをやしないます

親指と人さし指で洗濯ばさみをつまみ、紙や布、皿の縁をはさみます。洗濯物を干す手伝いをしてもよいでしょう。

洗濯ばさみをつまんで、皿の縁をはさみます

家でできる
洗濯ばさみ
チェックリスト
1 3 4 5 6
8 9 に有効

ひねる ★★

つまみをやしなう

お菓子の包み紙などを両手でひねります。

飴の包み紙など、日常にあるものを使います

家でできる
菓子類の包み紙
チェックリスト
1 3 4 5 6
8 9 に有効

トング遊び ★★

つまみをやしなう

トングの取っ手に親指と人さし指の腹をあわせ、ものをつまむようにうながします。

家でできる
トング　おもちゃ
チェックリスト
1 3 4 5 6 8 9 に有効

トングで小さいおもちゃをつまみます

おぼん運び ★★★

つまみ、握りをやしなう

ままごと遊びで使う食器などを、おぼんにのせて落とさないように運びます。

家でできる
おぼん
ままごとセット
チェックリスト
1 2 6 8 9 に有効

落とさないように、おぼんをしっかり握ります

● before & after ●

本書のような練習をすると、指先の細かな動きがやしなわれてきます。たとえば、折り紙を折るときに、手のひら全体ではなく、指先で紙を押さえることができるようになります。

before

右手の手のひらで紙を押さえています

after

指だけで紙を押さえています

指先を使うのが苦手な子への
サポートのコツ

上手にできないときは、手首をサポート

上手に握ったりつまんだりするためには、手首を上手に使わなければなりません。上手にできないときは、手首を起こすようにサポートしてあげましょう。

6 見るのが苦手

就学に向けて 小学校では、黒板を見る、ノートや教科書を見る、先生の見本どおりに真似るなど、「見る」ことが学習に直結します。上手にものを見る力をやしないましょう。

1 苦手チェックリスト

こんな子いませんか？

1. 正面ではなく首を傾けて斜めから見る
2. おもちゃ箱や本棚の整理整頓が上手にできない
3. はさみを使って上手に線が切れない
4. 折り紙を折るときに端と端を上手に合わせられない
5. 物や人などによくぶつかる
6. 文字を読み飛ばす
7. 書く字の大きさに極端なばらつきがある
8. ボールを上手にとれない
9. 相手の動きを見ても、その真似がうまくできない
10. 物を見るときに、顔を近づける

2　動きの解説

日常生活は、単にものを「見る」だけでは完結しません。見た情報を取り込み、頭で解釈する、その結果として物を操作するなどの動きにつながって完結します。また、しっかり見るためには、姿勢の安定が前提になります。

［見るのピラミッド構造］

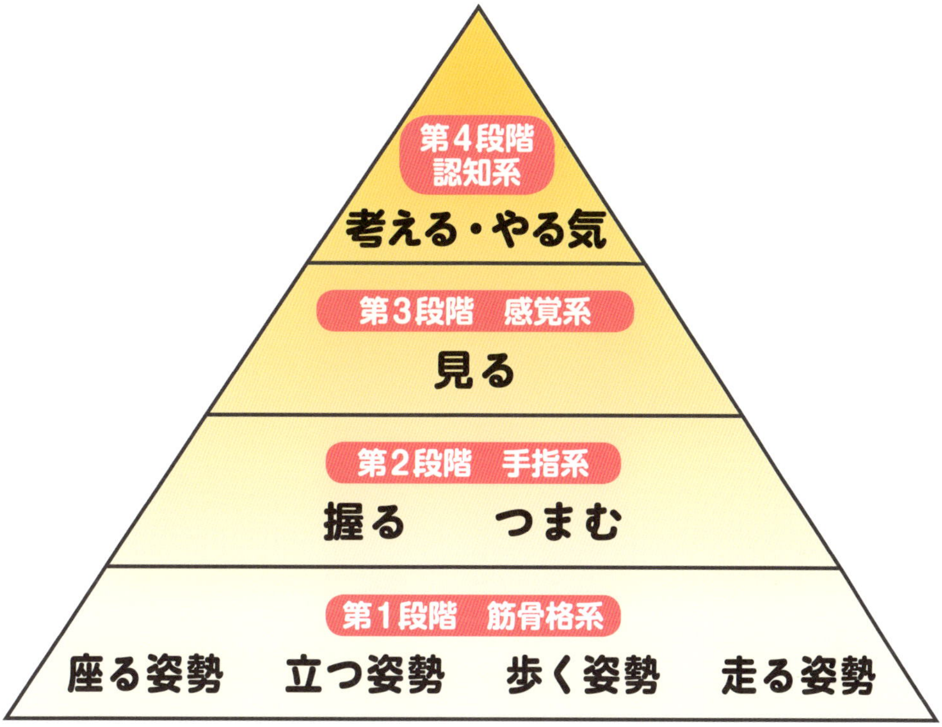

上手に見て操作するためには、やる気や考える（第４段階）だけでなく、両方の目でよく見て（第３段階）、座り、立ち続けながら（第１段階）、両手を操作する（第２段階）ことが必要です。

POINT!

- **視力だけではなく、目を動かす眼球の運動が必要**
- **バランス感覚をやしなう**
- **２つの目で対象物を見る（遠近感）**

→ **すばやく、じっと見続けるには、眼球を動かす目の筋肉が必要ですが、同時に、頭の位置情報を素早くキャッチするバランス感覚を働かせなければなりません。また、対象物を２つの目で見ることも重要です。**

3 指導アラカルト

リングのぞき ★★

見る力をやしなう

リング状のもの（ガムテープなどの芯）を、両ひじを伸ばして両手で持ち、ボールなどをリングの穴から見るようにうながします。両目で見ているか、確認しましょう。

リングの穴から、両目でボールを見ます

家でできる
ガムテープ
チェックリスト
1 5 6 7
8 9 に有効

うちわパタパタ遊び ★★

見る力をやしなう

ビニール袋をふくらませたものや紙風船を用意します。それを床に置き、うちわで風を送って動かします。2人で動かし合ってもよいでしょう。

家でできる
うちわ 紙風船
ビニール袋
チェックリスト
1 5 6 7
8 9 に有効

2人の場合は、風で風船を相手のほうに動かします

うちわ風船遊び ★★

見る力、手首の力をやしなう

片手にうちわを持ち、ビニール風船、または紙風船を落とさないように打ち上げます。ゴム風船と異なり、打ち上げるのに手首の力が必要になります。

ビニール風船を、落とさないように打ち上げます

家でできる
うちわ 紙風船
ビニール袋
チェックリスト
1 5 6 7
8 9 に有効

さいころ回し　★★

見る力、両手の協調性をやしなう

おわんに、さいころを１～２個入れます。数字を指名し、その数字が出るまでおわんを動かします。

家でできる
おわん　さいころ
チェックリスト
1 5 6 7 8 9 に有効

さいころがおわんからとび出さないように動かします

洗面器まわし　★★

見る力、両手の協調性をやしなう

洗面器の中に卓球ボールを２個入れて、洗面器から落ちないように転がします。洗面器を動かし、ボールを投げ上げて、洗面器に戻す動きも効果的です。

家でできる
洗面器
卓球ボール
チェックリスト
1 5 6 7 8 9 に有効

卓球ボールが洗面器から出ないように動かします

あやとり　★★★

見る力、手首・指の操作力をやしなう

あやとりで遊びながら、糸と糸の上下関係、手と糸の空間関係を見ることで、目と手の協調性や空間認知力をやしないます。また、つまみ方や手首の使い方の学習にもなります。

家でできる
あやとり
チェックリスト
2 3 4 5 7 9 10 に有効

いろいろな形を作れるようにしましょう

見るのが苦手な子への
サポートのコツ

机上の課題の前に、全身の課題を

初めは全身の動きを取り入れる課題から行い、その後に座ってやる細かい課題に移行していくと指先の操作を覚えやすいでしょう。

COLUMN 1

体幹《たいかん》とは？

体幹とは、体のどの部分のことを指し、どういった動きをするのでしょうか。本書で多用される用語ですので、ここで確認をしておきましょう。

体幹はどこ？

手足、頭をのぞいた部分が「体幹」です。胸やおなか、背中、お尻で構成されます。

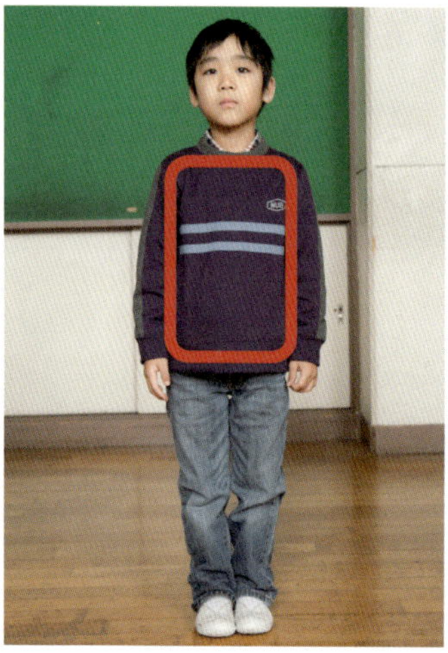

体幹はどんな動きをする？

腕や脚を動かすときに、体幹も以下のような動きをします。

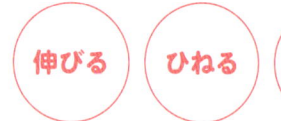

伸びる　ひねる　支える

例えば、腕を高くあげる場合、外見上は腕だけが動いているように見えますが、実際は、腕だけではなく体幹も連動して動いているのです。さらに、体幹が安定してバランスをとっていないと、上手に立つこともできません。さまざまな運動に体幹が重要な役割を果たしていることを、理解しておきましょう。

第2章

セルフケアが苦手

CONTENTS

1 食事が苦手

就学に向けて 小学校に入学すると給食がはじまります。食器の使い方、牛乳パックのつかみ方などを覚え、上手に食事ができるようにしておきましょう。

1 苦手チェックリスト

こんな子いませんか？

1. 座る姿勢が崩れてくる
2. 顔を近づけて食べる
3. 食器を上手に押さえられない
4. 食器（おわん、マグ）を上手に持てない
5. スプーンを持って上手にすくえない
6. スプーンや箸を使うのをやめて手づかみになる
7. スプーンですくうが、口元でこぼれる
8. クロス箸になり、上手に食べ物をつかめない
9. ストローで上手に吸えない
10. 口を閉じて上手にかめない

2　動きの解説

給食の時間には、メニューによって様々な食材を、スプーン、箸で操作することになります。また、その他も複雑な操作が必要です。たとえば、牛乳パックから飲む場合は、ストローをビニールから取り出し、つまみながらパックに刺します。そのとき、牛乳パックを持っている手は、強く握り過ぎると牛乳が飛び出してきますので、微妙な力加減が求められます。

[食事のピラミッド構造]

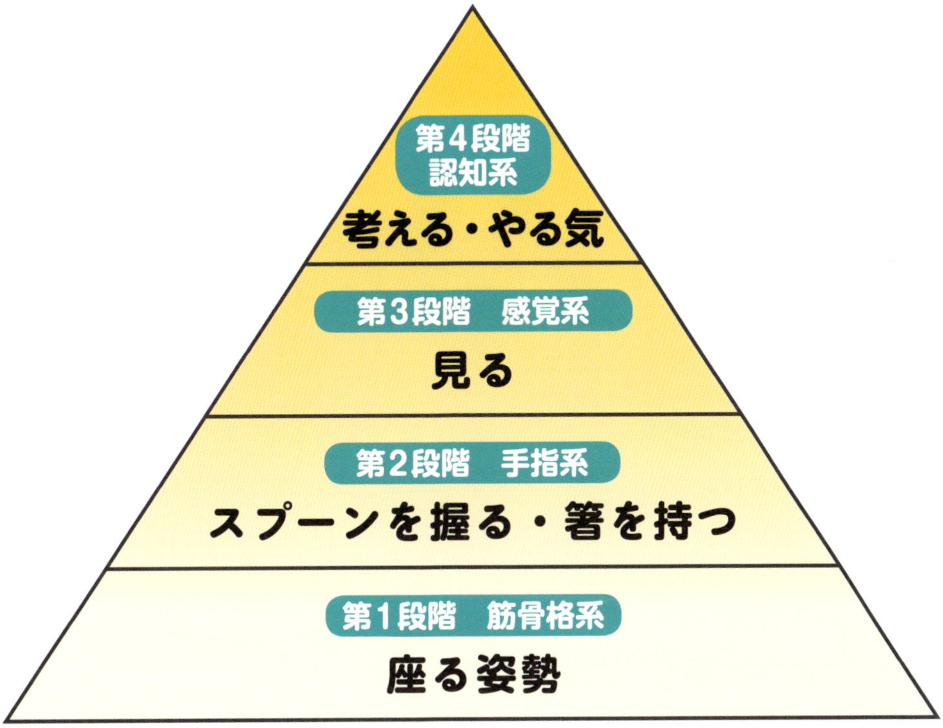

スプーンや箸で上手に食べるためには、やる気や考える（第4段階）だけでなく、食べ物をよく見て（第3段階）、座り続けながら（第1段階）、箸を操作する（第2段階）ことが必要です。

POINT!

- **手首を使ってスプーンですくう**
- **親指で動かすほう（上のほう）の箸を押さえる**
- **おわんを持つ手の動きも重要**

→ スプーンの操作はすくう動作がポイント。手首の動きに注目しましょう。箸は、二本を同時に動かさず、一本のみ動かして操作します。上手に操作するために、お茶わんなどを傾けたりする動きも必要になります。

3 指導アラカルト

家でできる
いす
チェックリスト
1 2 に有効

姿勢チェック（P12参照）　★

正しい姿勢をうながす

指の操作を見る前に、座る姿勢が崩れていないか、いすの背もたれに寄りかかりすぎていたり、足を床から離してブラブラさせていないか確認します。必要なときは、腰セットと足セットをしましょう。

スプーンすくいの練習　★

手首の返しをやしなう

深めのカップを用意します。ヨーグルト、納豆、豆腐の角切りなどを、スプーンですくう練習をします。

家でできる
スプーン　カップ
チェックリスト
3 5 に有効

手首を返して食べ物をすくいます

箸でつまみの練習　★★

正しい持ち方をうながす

食べ物をつまむ練習に入る前に、アルミホイル、スポンジなどをつまむ練習をします。持ち方を覚えられたら、実際の食事の場面で試しましょう。

家でできる
箸　スポンジ
アルミホイル
チェックリスト
3 5 に有効

NG
箸が交差してしまっています

直接つまめない場合は、つまみやすいように先に大人がスポンジと箸を押さえ、それから子どもが箸を持つようにうながします

箸補助具

★★

正しい持ち方をうがなす

正しい持ち方をうながす箸補助具が市販されています。子どもの指先の機能にあわせて、さまざまなタイプがありますので、発達の専門家へのご相談をおすすめします。

家でできる
箸補助具
チェックリスト
6 8 に有効

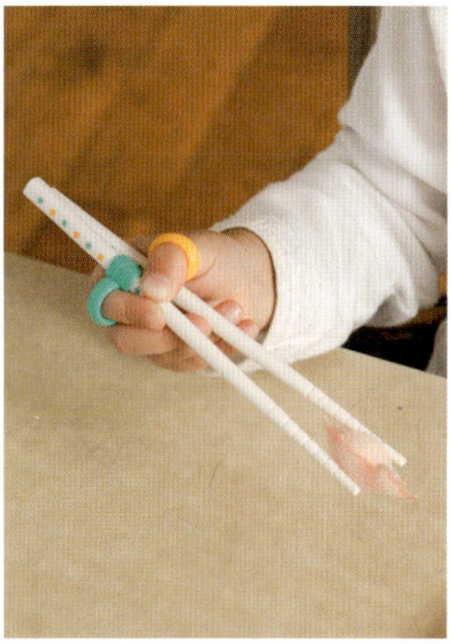

市販の箸補助具を使って練習しましょう

おわんの持ち方

★

手首の使い方をうながす

サイコロや小玉をおわんに入れて、前後左右に傾け、落ちないように練習します。力加減を学びます。

家でできる
おわん サイコロ
マグ
チェックリスト
3 4 に有効

サイコロ２個をおわんに入れ、落ちないように前後左右に動かします

おわんやマグの持ち方を確認しましょう

ままごと遊び

★

正しいすくい方をうながす

大きいスプーンなどを使って、砂をまぜたり、すくったり、移し替えたりするままごと遊びを通して、すくう練習をしましょう。手首を使うようにうながしましょう。

公園でできる
ままごとセット
チェックリスト
3 4 5 6
に有効

しゃがんで楽しくままごと遊びをしながら、食器の使い方を学ばせます

唇でスプーン閉じ

★

正しいスプーンの使い方をうながす

スプーンを使って、食べ物を上唇で取り込みます。歯に当てないようにしましょう。

家でできる
スプーン
チェックリスト
7 10 に有効

NG スプーンを歯に当てています

上唇を使って食べ物を取り入れています

笛遊び

★

唇の周りの筋肉をやしなう

唇の周りの筋肉を使って、笛やラッパのおもちゃなどを吹きます。

唇を突き出して笛を吹きます

家でできる
笛
チェックリスト
7 9 10 に有効

チューチューおやつ

★

唇の周りの筋肉をやしなう

笛の代わりに、ゼリー状の中身を吸い出して食べるお菓子を活用して、吸う力をつけます。

駄菓子店やスーパーで売っているお菓子を使います

家でできる
吸うお菓子
チェックリスト
7 9 10
に有効

口のマッサージ

★

触覚過敏をやわらげる

口の周りの感覚が過敏な場合は、ゆっくりマッサージしましょう。早すぎたり、強すぎたりしないように注意しましょう。

家でできる
チェックリスト
10 に有効

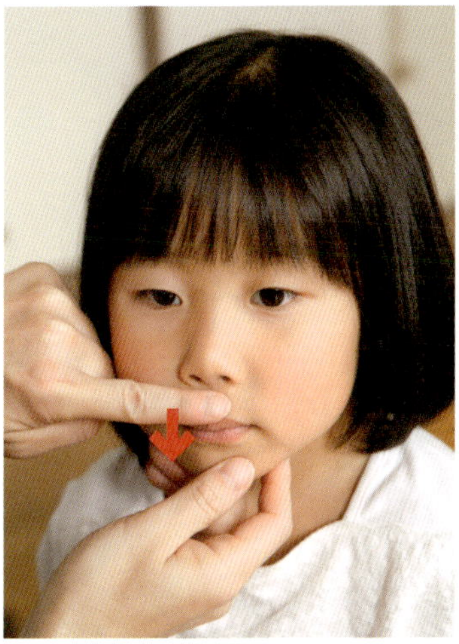

口の上下をマッサージします

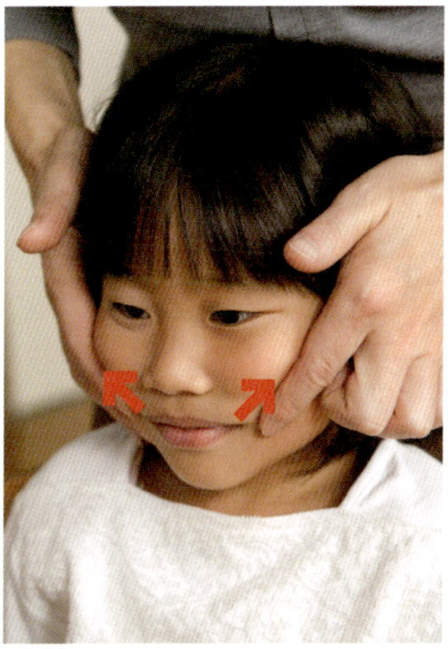

口の左右をマッサージします

before & after

手首を返して食器を正しく持てるようになります。

before

手首が返らず、カップが倒れています

after

手首を返してカップを垂直に持っています

食事が苦手な子への
サポートのコツ

スプーンですくう動きは手首の返しがポイント

指が垂れ下がっていると上手にすくえません。指先だけを見るのではなく手首の返しに注目しましょう。

2 着替えが苦手

就学に向けて 小学校では、自分のペースではなく、教室の決められた場所で、決められた時間の中で、着替えをしなければなりません。ズボンや靴下を立って履くことが多くなりますが、片足を上げるのでバランス感覚も求められます。

1 苦手チェックリスト

こんな子いませんか？

1. 長袖を脱ぐとき、腕が抜けない
2. ズボンなどを上手に脱げない
3. 長袖を上手に着れない
4. ボタンを上手にかけられない
5. ズボンなどを上手に履けない
6. シャツなどの背中をズボンの中に入れられない
7. 靴下を上手に履けない
8. 靴、靴下の左右を間違える
9. ファスナーを上手に開け閉めできない
10. 衣類の裏表、左右を間違える

2　動きの解説

服の着替えは、両方の手で、握る、つまむ動きを体の動作に合わせて行います。衣類を見たり、ボタンなどを触ったりと、視覚、触覚の感覚機能が重要となります。また、立つ、しゃがむ、床に座るなど、姿勢を適宜変えて行うためのバランス感覚も重要です。

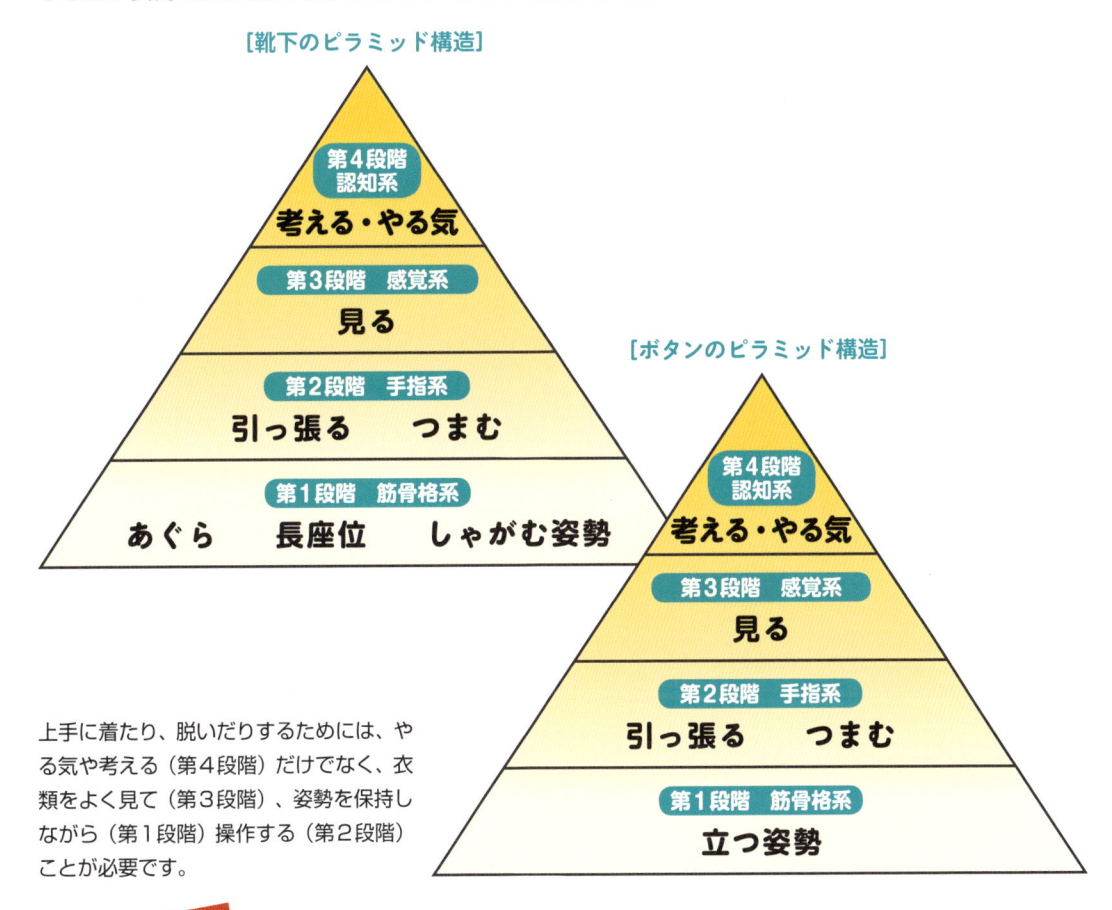

［靴下のピラミッド構造］

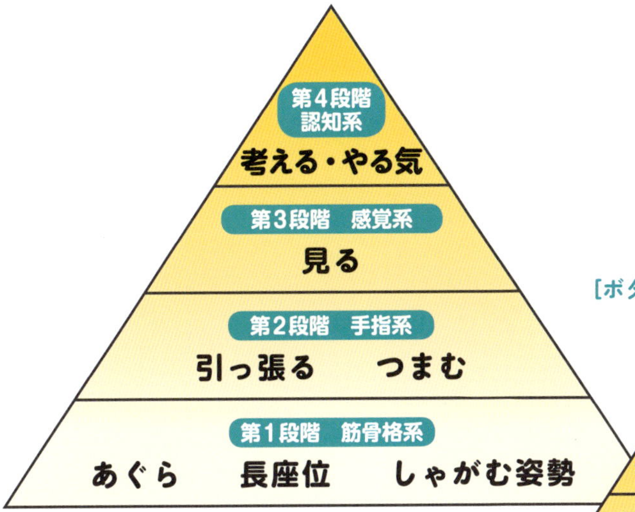

［ボタンのピラミッド構造］

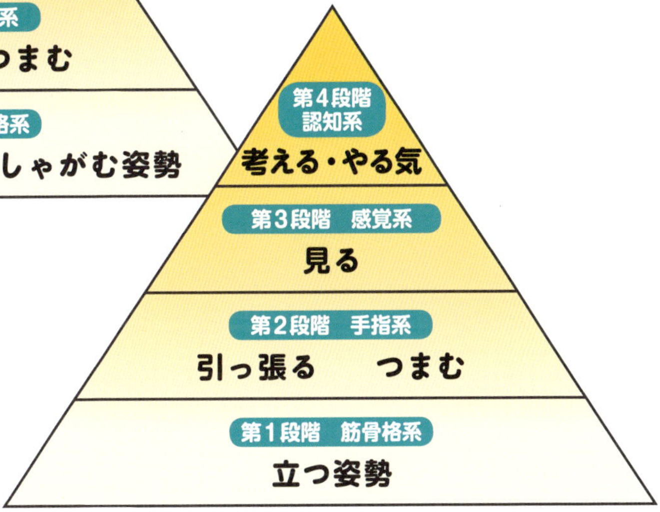

上手に着たり、脱いだりするためには、やる気や考える（第４段階）だけでなく、衣類をよく見て（第３段階）、姿勢を保持しながら（第１段階）操作する（第２段階）ことが必要です。

POINT!

- **履く動作は、前かがみの姿勢＋つまむ動き**
- **長袖を脱ぐ動作は、袖口をつまむ力＋手首の返し**
- **ボタンかけは、ボタンをつまむ手＋反対の手で服をつまむ動き**

→ **どの着替えも、指先の動きだけではうまくいきません。姿勢を保つ力が前提となり、そこにつまんで引っ張るなどの動きが加わるのです。**

3 指導アラカルト

座り姿勢のチェック

★

家でできる
靴下
トレーナー
チェックリスト
5 7 に有効

正しい姿勢をうながす

まず床の上であぐら座り、足を伸ばして座る、ひざを立てて座ることができるかを確認し、次にその状態で指や腕を動かしてバランスを崩さないかを確認します。前かがみになってしまったり、バランスが悪くて手をついていたりしたら、サポートしてあげましょう。座って着替えられるようになったら、立って着替える練習をします。

足を伸ばして靴下を履いたり、服を着たりできています

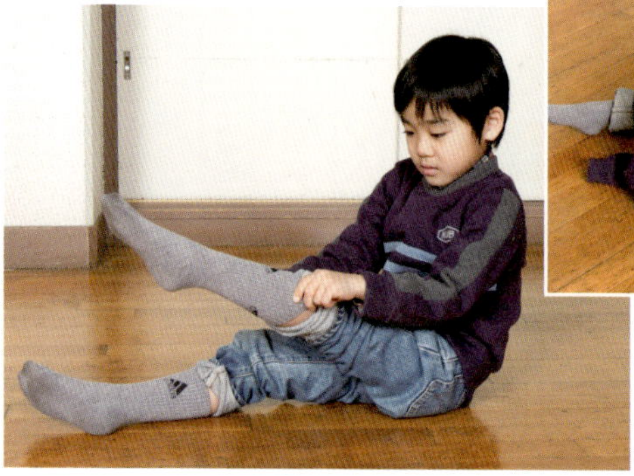

立った状態で着替えるときは、机に置いた状態から頭を通すところからはじめます

履く姿勢アラカルト

★

正しい姿勢をうながす

いろいろな姿勢で靴下やズボンを履いてみましょう。
例：いすに座って（特に靴下）、あぐらで、壁に寄りかかって、立って（片足立ちとなる）など

家でできる
靴下
チェックリスト
5 7 に有効

壁に寄りかかって靴下を履きます

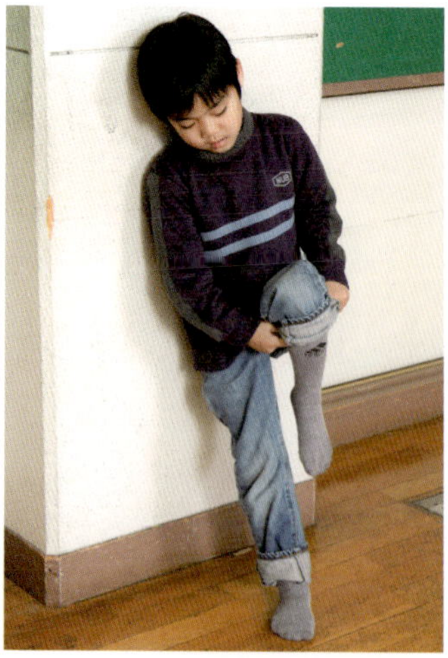

壁におしりをつけて靴下を履きます

ズボンを脱ぐサポート　★

家でできる
ズボン
チェックリスト
2 に有効

正しいズボンの脱ぎ方をうながす

親指をズボンの中に押し込みながら、前面から側面に動かします。上手にできない場合は、サポートしてあげましょう。親指を真横まで持って行ければ、ズボンを下まで下げられます。

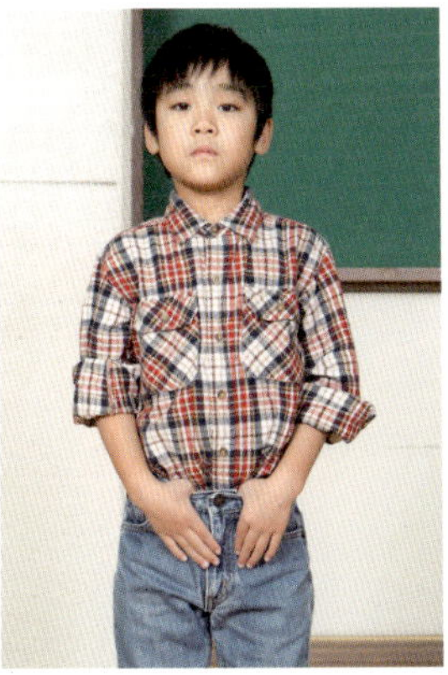

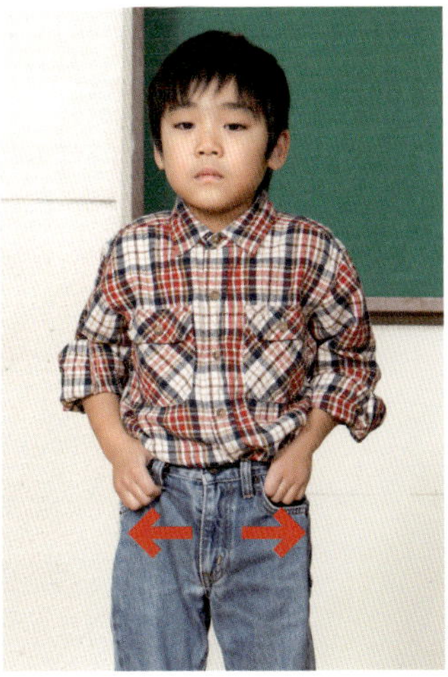

ズボンの前部分に親指を引っかけ、その状態で横まで動かします

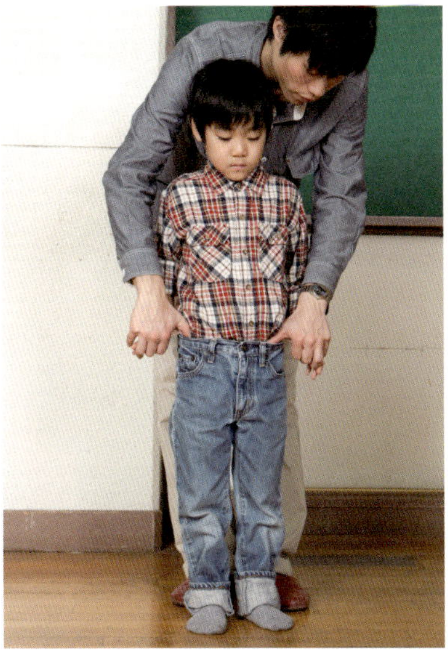

できない場合は、手を添えてサポートしてあげましょう

ズボンを履くサポート　★★

シャツをズボンに入れて履くようううながす

ズボンを腰まで上げると、腕がおしりまでまわせず、シャツがはみ出したままになってしまうことがあります。手首をサポートして、はみ出したシャツをズボンの中に入れて揃える方法を教えてあげると自分でできるようになるでしょう。

家でできる
ズボン　シャツ
チェックリスト
5 6 に有効

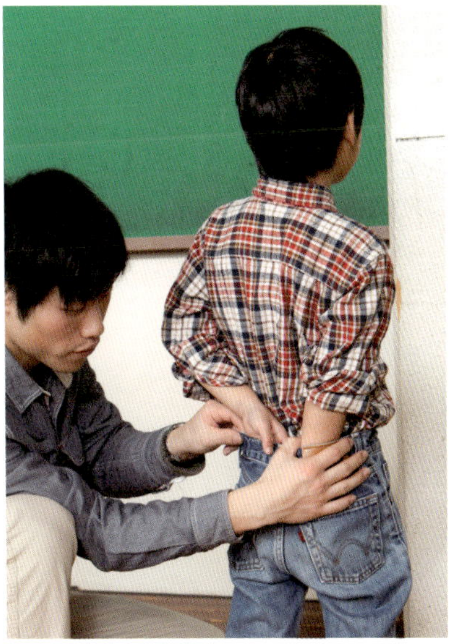

手を子どもの手首に添えて、ズボンの中にシャツを入れるサポートをします

リストバンドの活用 ★

正しい上着の脱ぎ方をうながす

リストバンドを手首につけ、つまんで引っ張り、手からはずします。上着の袖口を引っ張る練習になります。できるようになったら、ひじから始めるようにして、難易度を上げましょう。リストバンドにキャラクターを付けて、遊び感覚で行うのもいいでしょう。

家でできる
リストバンド
チェックリスト
1 に有効

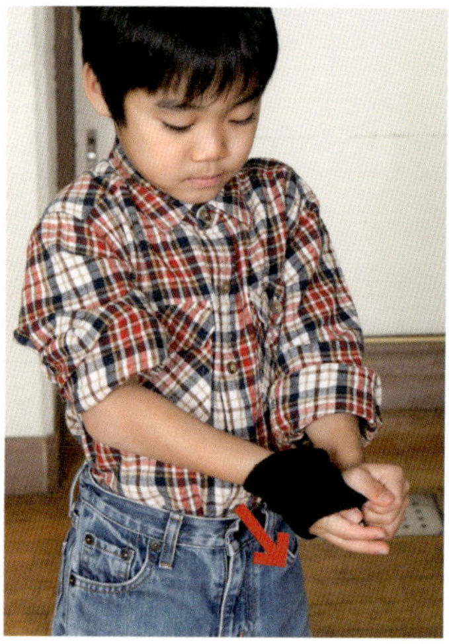

手首につけたリストバンドを、つまんで引っ張ります

ヘアバンドの活用 ★

正しい上着の脱ぎ方をうながす

ヘアバンドを脇の下あたりにセットし、体からはずします。鏡を使って見ながら確認してもよいでしょう。腕を抜く動きを学びます。

家でできる
ヘアバンド
チェックリスト
1 に有効

脇の下にあるヘアバンドを、腕から順番にはずしていきます

洗濯ばさみの活用 ★★

正しい靴下の履き方をやしなう

靴下の両サイドに、洗濯ばさみを1つずつつけます。靴下のつまみ方、引っ張って足にかぶせる方法が身につきます。

靴下の両サイドを、洗濯ばさみではさみます

家でできる
靴下
洗濯ばさみ
チェックリスト
7 に有効

洗濯ばさみでつまんで靴下を履きます

いす脚カバーの活用　★★

靴下をつまむ力・引っ張る力をやしなう

いすの脚やペットボトルに、カバーをかぶせます。靴下を「つまんで引っ張る」練習になります。

家でできる
いす脚カバー
ペットボトル
チェックリスト
7 に有効

いす脚カバーをペットボトルにかぶせます

靴下マーカー　★

靴下を持つ位置を覚える

履くときにかかと部分がずれないように、靴下の前方の中心部に印（花など）をつけるとよいでしょう。

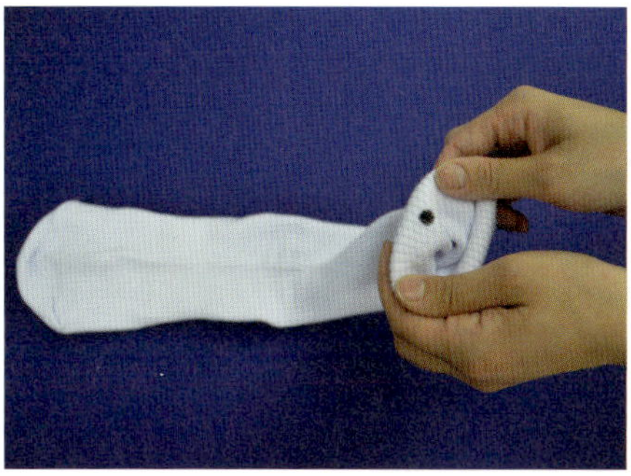

家でできる
靴下　マジック
チェックリスト
8 10 に有効

はらまき遊び　★

正しいズボンの履き方、上着の脱ぎ方をやしなう

はらまきに両足を入れて、体をとおして、頭からはずします。ズボンを上げる、上着を脱ぐ練習になります。

家でできる
はらまき
チェックリスト
5 に有効

座った状態で、はらまきを足にくぐらせます

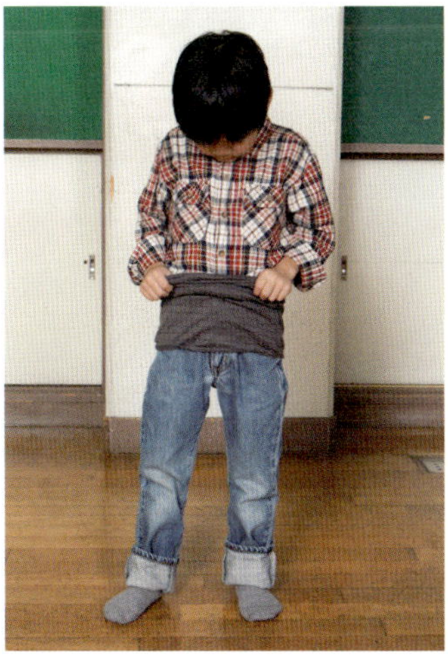

体をとおして、頭からはずします

ひざを曲げて長座位歩き

★★

あぐら姿勢の保持力、バランス感覚をやしなう

足を伸ばして長座になった状態から、ひざを曲げ伸ばしして進みます。

家でできる

チェックリスト 2 5 7 に有効

ひざを曲げ伸ばしして、座ったまま前に進みます

タオル引っ張り遊び

★

引っ張る力をやしなう

2人1組になって、2本のタオルを交差させて引っ張り合います。握りの力と持続的に引っ張る力をやしないます。ズボンを履くときに役立ちます。

家でできる

タオル

チェックリスト 5 7 に有効

2人でタオルを引っ張り合います

セロテープの活用（P40参照）

★★

靴下をつまみ、引っ張る動きをやしないます。

家でできる

新聞紙 テープ

チェックリスト 3 5 7 9 に有効

紙引っ張りゲーム（P41参照）

★★

靴下をつまみ、引っ張る動きをやしないます。

家でできる

厚紙

チェックリスト 3 5 7 9 に有効

ティッシュ吹き　★

腕の保持力をやしなう

ティッシュ1枚取り出します。ひじを伸ばして前方にたらし、そこに息を吹きかけます。長袖などを着るときの腕の保持力をやしないます。

家でできる
ティッシュ
チェックリスト
3 5 9
に有効

NG
ひじを曲げています

ひじを伸ばしてティッシュを持ち、息を吹きかけます

魚釣りゲーム　★★

腕の保持力をやしなう

腕を伸ばしてさおを持ち、腕を空中で保持します。シャツなどをかぶって着るときに腕を保持する動きにつながります。

ひじを伸ばしてさおを保持します

家でできる
釣りざおのおもちゃ
チェックリスト
3 5 9 に有効

ボタン絵本　★★

正しいボタンのつけ方をうながす

ボタンかけがむずかしい場合には、絵本にみたてて、ボタン絵本を作成します。座ってボタンをかける練習を行います。手を添えてサポートしてあげてもよいでしょう。

ボタン絵本は市販もされています。手首に手を添えて、つまむ動きを誘導します

家でできる
ボタン絵本
チェックリスト
4 に有効

腰ひもまわし遊び ★

腕をまわす動きをやしなう

ひもに鈴をつけて、腰にしばります。目印の鈴をへそのあたりセットし、右にまわして一周させます。目印として、キャラクターのシールを貼ったり、女の子の場合は、スカート風の布を使って、衣装感覚で遊ぶのもよいでしょう。

家でできる
ひも　鈴
チェックリスト
5 6 に有効

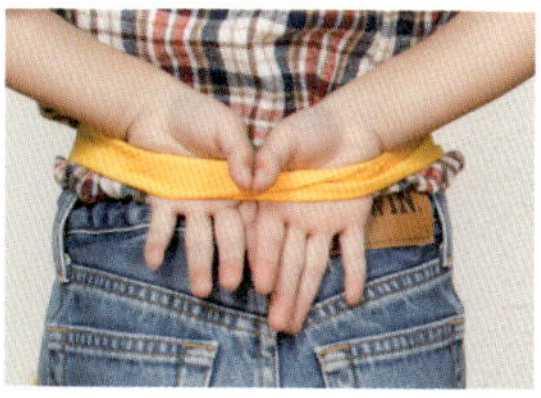

ひもを親指とほかの指ではさむように持ちます

鈴の音で楽しみながら学べます

リング脚通し遊び ★

正しい靴下の履き方をうながす

モールなどで小さいリングをつくります。あぐら座りで、リングを片脚に通して、ひざまで上げます。片脚を上げて靴下をはく練習になります。

家でできる
モール
チェックリスト
5 7 に有効

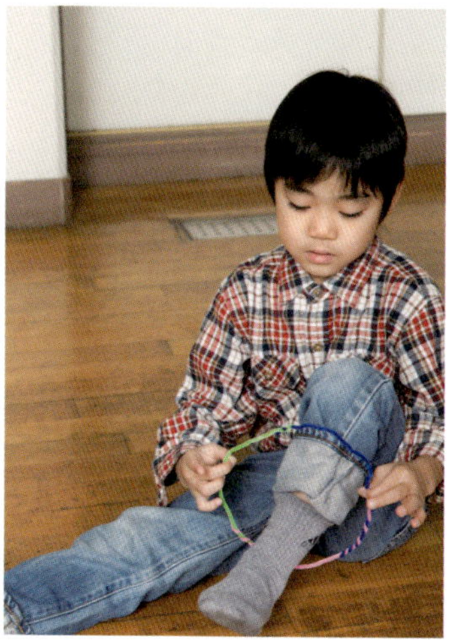

モールをつないだリングを片脚に通します

ビニール袋の活用 ★

正しい靴下の履き方をうながす

ビニール袋の底に穴をあけてリング状にし、両手で持って、片足を通します。

家でできる
ビニール袋
チェックリスト
5 7 に有効

底に穴をあけたビニール袋に、片足を通します

ジッパー袋の活用

★★

正しい靴下の履き方をうながす

ジッパー袋を両手でつまみ、開きます。靴下などをつまんだり、引っ張る動きにつながります。

家でできる
ジッパー袋
チェックリスト 5 7 9 に有効

ジッパー袋のジッパーをつまんで開きます

◆着替えチェックリスト

どの服が着られて、どの服が着られないのかは、意外に覚えられないものです。脱ぐ、着る動作に分けてチェックリストを作成しました。整理してみるとどの動きが弱いのか見えてきます。着替えの支援に役立ててください。

○：できる　△：もう一歩　×：要手伝い

	上衣		下衣	
脱ぐ	(　)シャツ半袖	(　)ボタン	(　)おむつ	(　)靴下
	(　)シャツ長袖	(　)スナップ	(　)パンツ	(　)ハイソックス
	(　)セーター	(　)ファスナー	(　)短パン	(　)タイツ
	(　)カーディガン	(　)ジッパー	(　)長ズボン	(　)スパッツ
	(　)ブラウス			
	(　)ジャンパー			(　)スカート
	(　)レインコート			
着る	(　)シャツ半袖	(　)ボタン	(　)おむつ	(　)靴下
	(　)シャツ長袖	(　)スナップ	(　)パンツ	(　)ハイソックス
	(　)セーター	(　)ファスナー	(　)短パン	(　)タイツ
	(　)カーディガン	(　)ジッパー	(　)長ズボン	(　)スパッツ
	(　)ブラウス			
	(　)ジャンパー			(　)スカート
	(　)レインコート			

着替えが苦手な子への
サポートのコツ

大人のやり方にとらわれない

着替えには、いろいろなやり方があります。大人のやり方を押しつけるのではなく、能力にあわせて、いろいろなやり方を試してみましょう。

3 トイレが苦手

就学に向けて 小学校のトイレでは、立ったままで、服の上げ下げをすることになります。また、和式トイレでは、しゃがみ姿勢が必要となります。トイレの失敗は嫌な体験になる可能性がありますので、正しいトイレ動作を身につけましょう。

1 苦手チェックリスト

こんな子いませんか？

1. ズボン、パンツが上手に上げ下げできない (P56～65参照)
2. 服を全部脱がないとできない
3. 便座に座れない
4. 便座から上手に下りられない
5. トイレットペーパーを上手にちぎれない
6. お尻を紙で上手に拭けない
7. 水流しレバーを上手に操作できない (P42「洗濯ばさみ」、P43「トング遊び」参照)
8. 和式トイレが上手にできない
9. 脱ぐのに時間がかかる
10. 履くのに時間がかかる (P59「ズボンを脱ぐサポート」、P61「はらまき遊び」参照)

2　動きの解説

トイレでの動きは、トイレットペーパーを切る、お尻を拭くなどの指先の操作だけではありません。衣類の上げ下げのときには、しゃがんで前かがみになるなど、姿勢の変化を伴います。座る姿勢のバランス感覚も求められます。

［トイレのピラミッド構造］

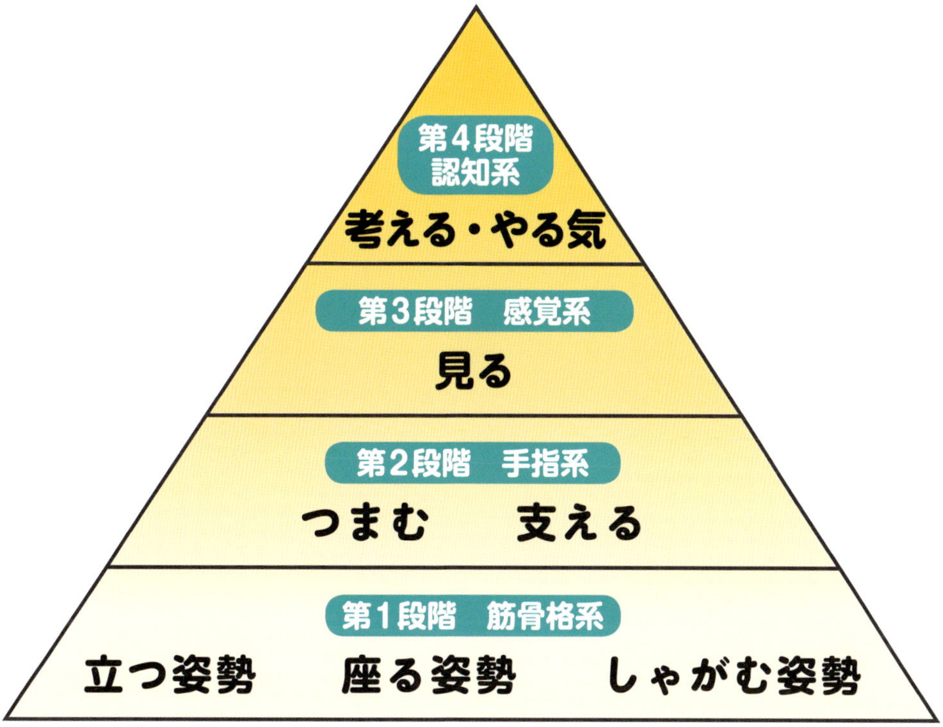

トイレ動作を上手にするためには、やる気や考える（第4段階）だけでなく、衣類、便座などをよく見て（第3段階）、しゃがむ、立つ、座るなど、姿勢を変えながら（第1段階）、指先を操作する（第2段階）ことが必要です。

POINT!

- **便座に座るときは、方向転換するので、立位バランスが求められる**
- **お尻拭きには、座位バランスが求められる**
- **トイレットペーパーにはつまむ操作が必要**

→トイレ動作は一見すると大きな動きではありませんが、しゃがむ、座る、立つなどの立位バランスや座位バランスが求められます。その動きの中で、トイレットペーパーなどの指先を操作することとなります。

3 指導アラカルト

はらまき歩き ★★

バランス感覚をやしなう

はらまき、または不要なレジ袋の底に穴を開けて、足を通します。両脚の動きが制限されながら歩くことになります。バランスをとりながら方向を変えてみましょう。方向を変えて便座に座る練習になります。

はらまきを足首より少し上に巻いて歩きます

家でできる
はらまき
チェックリスト
2 3 4 9
に有効

紙袋ジャンプ ★★

便座に座る動きをうながす

紙袋か大きなビニール袋を用意します。紙袋に両脚を入れて、ジャンプして遊びます。慣れてきたら回転ジャンプしてみましょう。方向を変えて便座に座る動きにつながります。

紙袋に両足を入れてジャンプします

家でできる
紙袋
チェックリスト
2 3 4 9
に有効

クッションはさみ歩き

★★

方向転換して歩くのをうながす

クッションやボールを用意します。両足首あたりにクッションやボールをはさんで、落とさないようにまっすぐ歩きます。フラループの中を歩くと、方向転換の練習になります。慣れてきたらいすに座ります。

家でできる
クッション
チェックリスト
2 3 4 9 に有効

クッションを丸めて、両足首にはさんで歩きます

フラループの内側を歩きます

はらまき巻き巻き

★★

紙を巻く動きをうながす

はらまきを両手でぐるぐる回します。トイレットペーパーを巻く動きにつながります。「糸巻きの歌」を歌いながら行ってもよいでしょう。

家でできる
はらまき
チェックリスト
5 に有効

はらまきを両手に巻いて、ぐるぐる回します

紙引っ張りゲーム（P41参照）

★★

トイレットペーパーを引っ張る動きにつながります。

家でできる
厚紙
チェックリスト
5 に有効

チラシちぎり

★

紙をちぎる動きをうながす

手首をそらしてチラシを握り、前方にちぎります。

家でできる

チラシ

チェックリスト 5 6 に有効

チラシを前に向けてちぎります。もう片方の手でチラシを押さえます

足脚体操（P15参照）

★★

お尻を拭くときに、腰を片方上げる動きにつながります。

家でできる

チェックリスト 3 4 6 8 に有効

バランスボールの活用（P34参照）

★★

お尻を拭くときに、腰を片方上げる動きにつながります。

家でできる

バランスボール

チェックリスト 3 4 6 8 に有効

お風呂でせっけん

★

お尻を拭く動きをうながす

お風呂で、せっけんを素手にこすりつけます。手のひらの動きが、お尻を拭く動作につながります。服を着たままこすってみてもよいでしょう。

家でできる

せっけん

チェックリスト 6 に有効

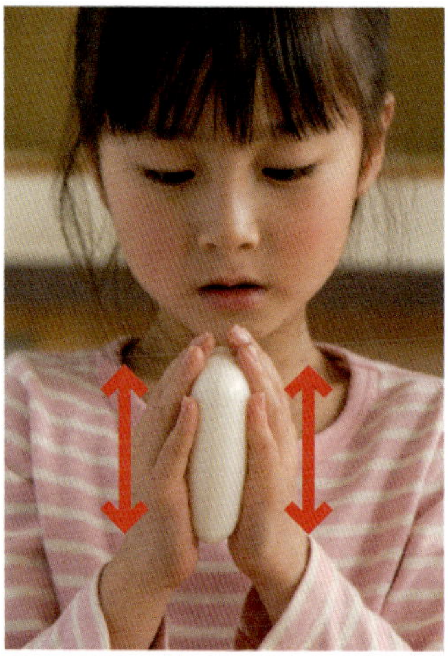

せっけんを両手でこすります

服を着たままお尻をこすってみましょう

砂場遊びの活用

★★

正しいしゃがみ方をうながす

和式のトイレでのしゃがみ姿勢は、砂場遊びも有効です。

公園でできる
チェックリスト
8 に有効

砂場でしゃがんで、座る姿勢を確認する

before & after

便座にまっすぐに座れるようになります。

before

背中を丸め、下を向いています

after

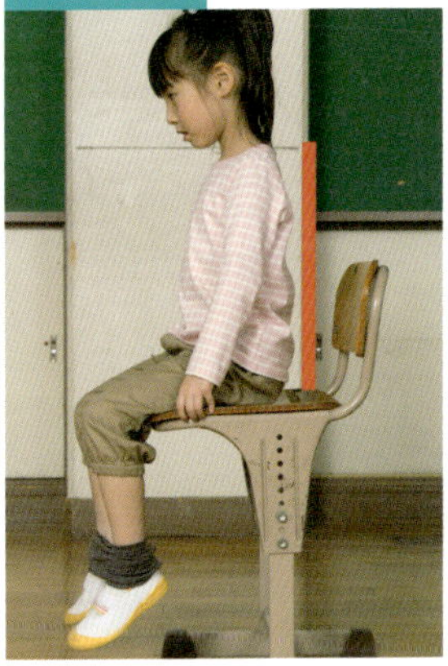

まっすぐ前を見て、背筋が伸びています

トイレが苦手な子への
サポートのコツ

まずは向きを変えて便座に座る動作に注目

トイレの中では両足が自由に動かせない中で動くことが求められます。そのためバランス感覚をやしなうことが大切です。

4 お風呂が苦手

就学に向けて 他の生活スキル同様にお風呂の入浴動作も徐々に自立して行えるようにしていきます。お風呂での動きは小学校のプールにつながってきますので、その練習としても活用できます。

1 苦手チェックリスト

こんな子いませんか？

1. 猫背で座っている
2. 手ぬぐいを上手に絞れない
3. 体を上手に洗えない
4. 体を上手にふけない
5. 浴槽を上手にまたげない
6. シャワーを上手に使えない
7. 顔にお湯がかかるの嫌がる
8. 髪を洗うのを嫌がる
9. 湯船の中で上手に座ることができない
10. 洗面器を上手に使えない

2　動きの解説

お風呂では、さまざまな動きが求められますが、たとえば全身を洗うためには、指先の動きのみならず、立つ、座る、しゃがむ、前にかがむ、またぐなど、姿勢を上手に変化させる必要があります。

［体を洗うのピラミッド構造］

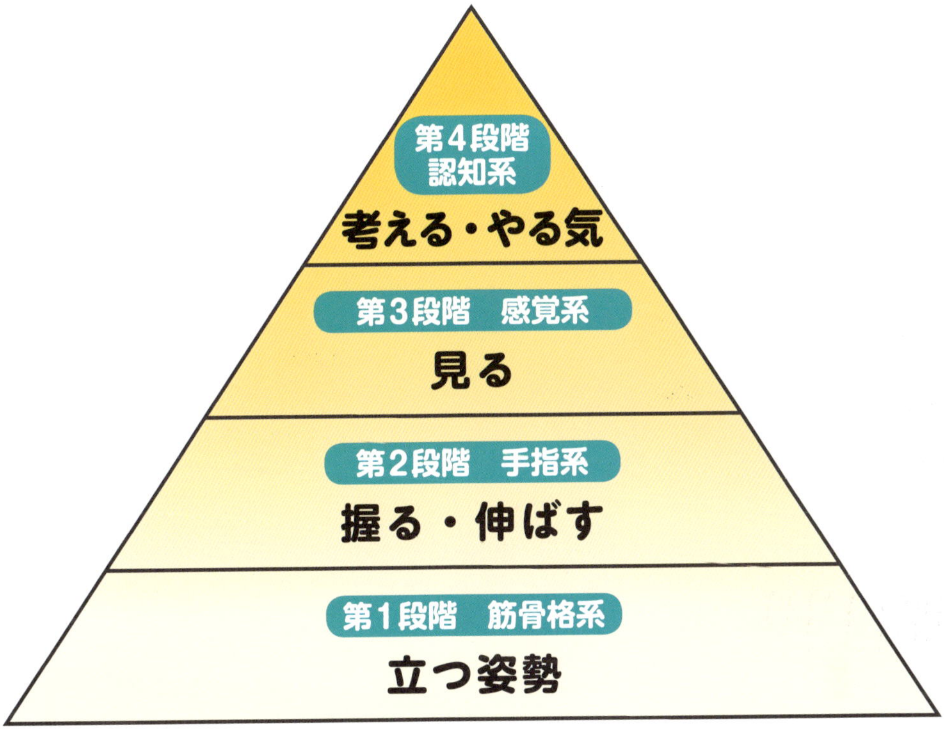

上手に体を洗うためには、やる気や考える（第４段階）だけでなく、場所をよく見て（第３段階）、立ち、しゃがみ、座り続けながら（第１段階）、タオル、せっけんなどを操作する（第２段階）ことが必要です。

POINT!

- **座り姿勢の安定**
- **前かがみで髪を洗う**
- **握るだけでなく、手首を使って手ぬぐいを絞る**

→ 入浴では、体をきれいに洗えることが１つの目標です。そのためには、立つ、しゃがむ、座る、またぐなどのバランス感覚が求められます。また、洗うときは、前かがみ姿勢をして、指の伸ばしや握る力を使います。

3 指導アラカルト

座りの確認 ★

正しい姿勢をうながす

お風呂では、腕や指を動かしながら、背もたれのないいすで座る姿勢を保持しなければなりません。苦手な子は猫背になってきます。上手に座れない場合には、床であぐら座りの方がよいことがあります。

前を見て、背筋をまっすぐにして座ります

家でできる
いす
チェックリスト
1 3 に有効

NG
猫背になって、下を向いてしまっています

洗体する部位の確認 ★

正しく洗う姿勢をうながす

背中などの見えないところではなく、見えるところ、洗いやすいところから素手で洗いましょう。たとえば、いすに座って、太もも、ひざ、足首、足の裏を素手で洗います。そのとき、かがんで腕を伸ばしましょう。靴下やズボンの着替えにもつながります。

家でできる
いす
チェックリスト
3 4 に有効

桶の活用 ★

握る力、腕の保持力をやしなう

洗面器や桶で湯船からお湯をすくって、体にかけます。シャワーだけを使わないようにしましょう。

家でできる
洗面器　桶
チェックリスト
3 6 10 に有効

両手でも片手でもすくえるようにしましょう

手ぬぐい絞り ★★

正しい絞り方をうながす

両手でうまく絞れない場合は、タオルの一方を持ち、もう一方の端から片手だけで絞ります。

家でできる
手ぬぐい
チェックリスト
2 に有効

手首と指先を上手に使って絞ります

バイク体操

★★

正しい絞り方をうながす

一方の手の親指をもう一方の手で握り、握っているほうの手だけ、前方に回転させます。手洗いのときなどにやりましょう。

家でできる

チェックリスト

2 3 4 10 に有効

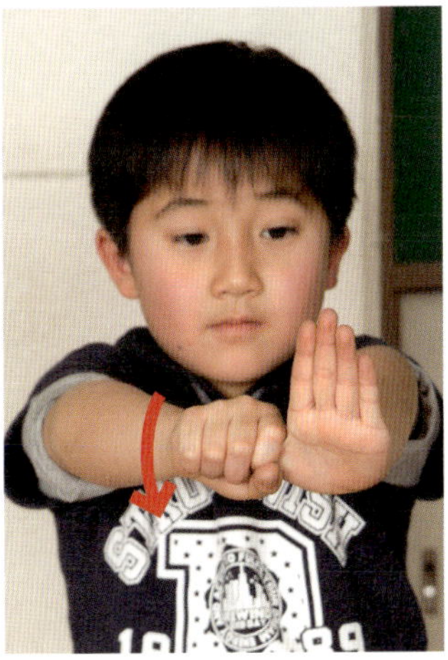

利き手でもう一方の親指を握って、利き手だけ回転させます

NG

開いているほうの手も一緒に回転しています

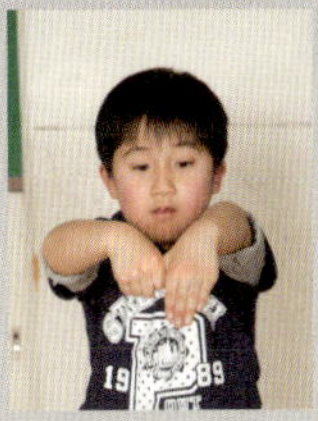

足ふきマットの活用

★

バランス感覚をやしなう

足ふきマットの上で歩いたり踏みつけたりするだけではなく、マットに足の裏をつけてすべるように動かします。

家でできる

足ふきマット

チェックリスト

4 5 に有効

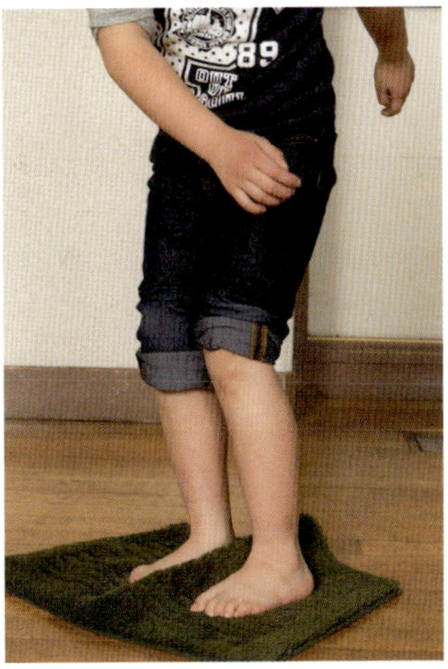

足ふきマットを踏みつけ、足を上げずに体を左右にひねります。

水かけ

★

正しい手首の動かし方をやしなう

洗面器や浴槽のお湯を、両手のひらですくって壁にかけます。

家でできる

洗面器

チェックリスト

3 10 に有効

手首をかえすようにして、洗面器のお湯をすくい上げます

タオルドライ

★★

指先の力、腕の保持力をやしなう

指先に力を入れて、タオルで頭をふきます。腕の保持力、手のひらの向き、かがみ姿勢などが学べます。この動きは、ブラシで髪をとかしたり、シャワーをかけたり、髪を洗う動きにもつながります。

家でできる
タオル
チェックリスト
2 4 に有効

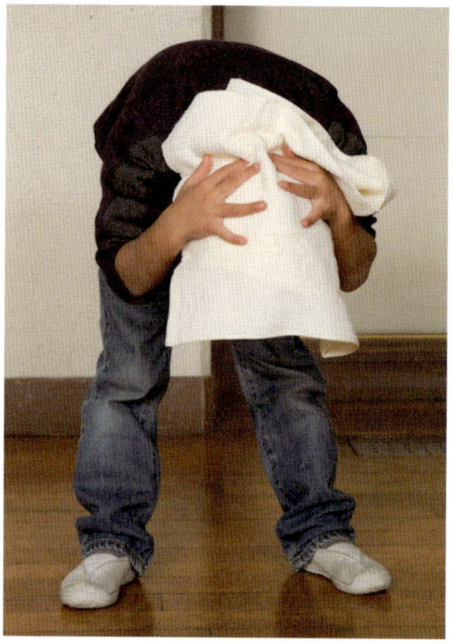

前かがみになり、指先に力を入れ、髪の毛をふきます

スポンジの大きさの検討

★

握る力をやしなう

体を洗うスポンジ、タオルの大きさを検討します。大きすぎたり、小さすぎたりすると、力が入りにくくなりますのではさみで小さく切ることも１つの方法です。

家でできる
スポンジ
チェックリスト
3 に有効

大きすぎると、力が入りません

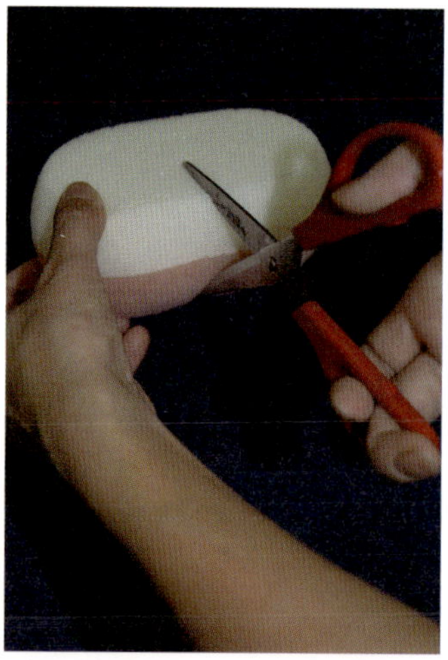

はさみでスポンジを小さく切ります

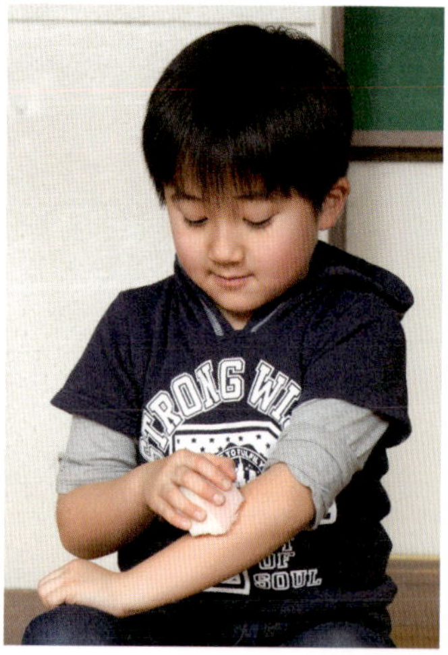

ちょうどいい大きさだと、力が伝わり、しっかり洗えます

顔こすり

★

触覚過敏をやわらげる

シャワーをかける前に、自分でマッサージしましょう。

家でできる
チェックリスト
7 8 に有効

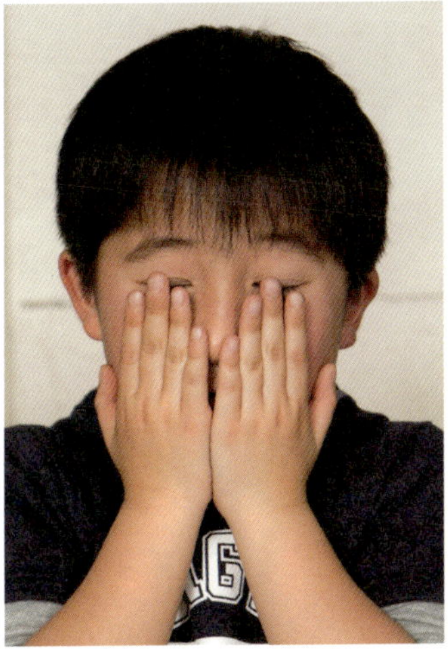

自分の手で、顔をこすります

足脚体操（P15参照）

★★

背筋を伸ばして座るのをうながします。

家でできる
チェックリスト
1 3 4 5 9
に有効

ジョーロかけ

★★

触覚過敏をやわらげる

感覚の問題でシャワーを嫌がる場合は、ジョーロでお湯をかけることから始めて、段階的になれていきましょう。家の浴室などでジョーロで、大人に頭からお湯をかけてもらってもよいでしょう。

家でできる
ジョーロ
チェックリスト
7 8 に有効

頭からゆっくり、ジョーロでお湯をかけます

ジョーロで、自分の体にお湯をかけましょう

お風呂が苦手な子への
サポートのコツ

手ぬぐいの絞り方の練習は、やりやすいほうの手で

手ぬぐいやタオルの絞り方の練習は、両手で絞るのではなく、やりやすい手を決めて、片手で行うところをサポートしてあげましょう。

5 靴が苦手

就学に向けて 小学校に入ると、短い時間で立ったまま靴や上履きを履くことが必要になります。床や地面に座ると、衛生面でも好ましくありません。靴を履く動きを覚えましょう。

1 苦手チェックリスト

こんな子いませんか？

1. 立ったまま靴を履きかえられない
2. かかとを靴の中に入れられない
3. 面ファスナー（ベルクロ）を留められない
4. 履いた靴をすぐ脱いでしまう
5. 靴のかかとを踏んで歩く
6. 左右の靴を片手でつまめない
7. 脱いだ靴をきちんとそろえられない
8. 靴の左右を間違える
9. サンダルのボタンを留められない
10. 長靴を上手に履けない

2　動きの解説

立っていても、座っていても、靴の脱ぎ履きをするときには、姿勢を保持するバランス感覚が求められます。また、脱いだ靴を整えたり、靴箱に入れたりする際には、しゃがんで片手で2つの靴をつまむ動作が必要になります。

[靴の脱ぎ履きのピラミッド構造]

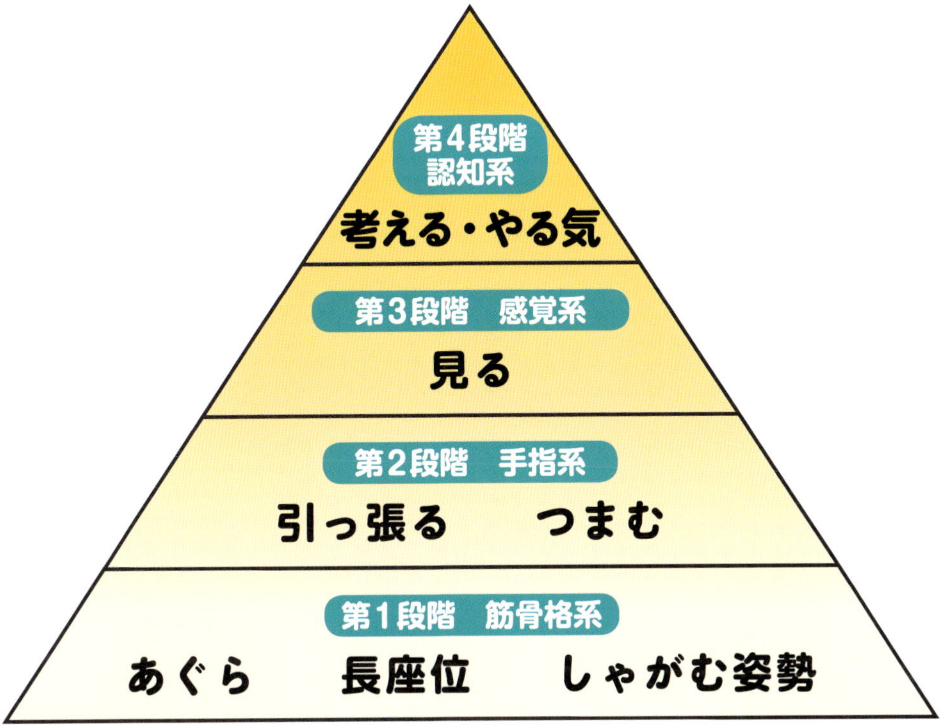

上手に履いたり、脱いだりするためには、やる気や考える（第4段階）だけでなく、靴をよく見て（第3段階）、姿勢を保持しながら（第1段階）操作する（第2段階）ことが必要です。

POINT!

❶ 座って履く場合、片足をあげて、靴を履く

❶ 立って履く場合、靴の中につま先立ちして足を入れる

❶ 立って脱ぐ場合、つま先立ちでかかとを浮かせる

→ 座って履く場合、靴を持って片足をあげます。立って履く場合、靴の中につま先立ちして足を入れて、かがんで手を操作します。立って脱ぐ場合には、しゃがんだ姿勢で面ファスナーをつまみ、つま先立ちして、かかとを浮かせる動きが必要です。

3 指導アラカルト

つま先立ち＆歩き ★

バランス感覚、足首の力をやしなう

かかとを床から離して立ち、その状態で歩きます。靴を立ったまま履く練習につながります。

家でできる
チェックリスト
1 2 5 10
に有効

つま先で立ち、そのまま歩き出します

面ファスナーの練習 ★

指先の操作力をやしなう

大人のサンダルについている、面ファスナーやボタンをつけたりはずしたりする練習をします。

面ファスナーをつまんで操作します

家でできる
大人のサンダル
チェックリスト
3 9 に有効

足のせ体操 ★★

触覚の過敏をやわらげる

左右の足を合わせて、こすります。

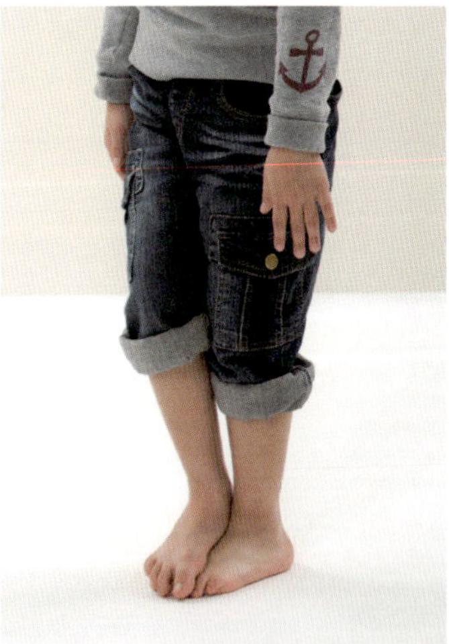

片方の足の裏を、もう一方の足の甲にのせてこすります

家でできる
チェックリスト
1 2 4 5
に有効

卵パック踏み、ペットボトル踏み

★★

バランス感覚、足首の力をやしなう

足の裏全体で、卵パックを踏みつぶします。最初はゆっくり触感を確かめながら行います。慣れてきたら、ひざを高く上げて強く踏みつぶします。触覚が過敏な場合は、靴下を履いたまま、あるいは、靴を履いたままで行ってください。ペットボトルを使ってもよいでしょう。

家でできる
卵パック
チェックリスト
1 2 4 5
に有効

卵パックを両足で踏みつぶします

足脚洗い

★

靴を脱ぐ動きを学ぶ

せっけんをつけて、脚をもう片方の足の裏でこすり洗いします。触覚過敏対策にもなります。お風呂場もしくは洗面器などの上で行います。

家でできる
せっけん
チェックリスト
1 2 4 5
に有効

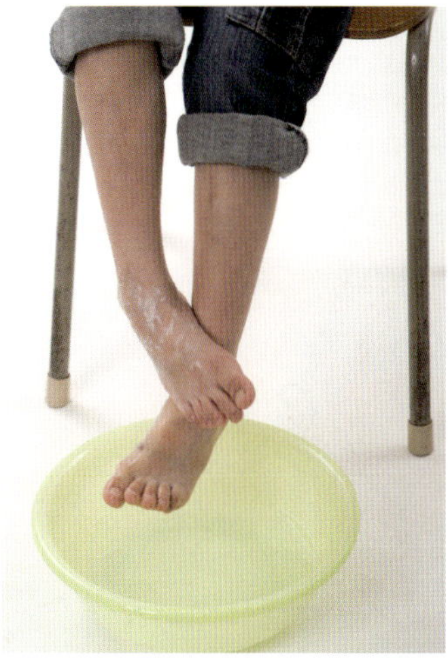

洗面器を使ってもできます

左右の間違え対策

★

左右を覚える

スプーンや箸を持つ手と同じ側の靴のかかとに、色つきのひもをつけて目印にします。

右利きの場合は、右の靴のかかとに目印をつけます

家でできる

靴　ひも

チェックリスト

7 8 に有効

本はさみ

★

指先の操作力をやしなう

本を持って運ぶとき、親指と人さし指の間にはさんで持ちましょう。2つの靴を片手で持つ動きにつながります。

本の背の部分を親指と人さし指でつまみます

家でできる

本

チェックリスト

6 に有効

靴のチェック

★

正しい靴を選ぶ

履いている靴の靴底を見て、かかと部分の減り具合、左右差をチェックします。中敷の導入、アーチのある靴やハイカットの靴などへの交換を検討します。

家でできる

靴

チェックリスト

4 5 に有効

◆靴チェックリスト

靴は季節によって種類が異なります。脱ぐ動作と履く動作にわけてチェックしてみましょう。サポートの仕方が整理できます。

○：できる　△：もう一歩　×：要手伝い

	靴
脱ぐ	(　　) 短靴 (　　) 長靴 (　　) 運動靴 (　　) バレエシューズ (　　) サンダル (　　) スリッパ (　　) 面ファスナー (　　) ボタン (　　) ジッパー (　　) ひも (　　) その他
履く	(　　) 短靴 (　　) 長靴 (　　) 運動靴 (　　) バレエシューズ (　　) サンダル (　　) スリッパ (　　) 面ファスナー (　　) ボタン (　　) ジッパー (　　) ひも (　　) その他

• before & after •

立ったまま靴を脱いだり履いたりできるようになります。

before

座った状態でしか靴が履けません

after

バランスをとって、立ったまま靴が履けます

靴が苦手な子への サポートのコツ

まずは立って履けるかを確認

立って履くことが難しい場合は無理せずに座った状態での履き方をしっかり身につけましょう。

6 歯みがき、手洗いなどが苦手

就学に向けて 手洗い、うがい、歯みがき、顔洗い、鼻をかむなど小学校で自分で行うこととなる整容の動きについて確認しましょう。

1 苦手チェックリスト

こんな子いませんか？

1. 歯ブラシを上手に使えない（歯みがき）
2. 頻繁によだれがでる（歯みがき）
3. 手ぬぐいを上手に絞れない（顔を洗う）
4. ティッシュで上手に鼻をかめない（鼻をかむ）
5. 手洗いが上手にできない（手洗い）
6. うがいが上手にできない（うがい）
7. ハンカチをポケットに上手に入れられない（手洗い）
8. せっけんで両手を上手に洗えない（手洗い）
9. 水やせっけんを使うのを嫌がる（手洗い、顔を洗う）
10. 水を手で上手にすくえない（顔を洗う）

2 動きの解説

整容にはたくさんの動きがありますが、ここでは歯みがきについて見てみます。歯みがきでは両手を使います。このとき同時に、上手にバランスを取りながら立ち続けることが求められます。

[歯みがきのピラミッド構造]

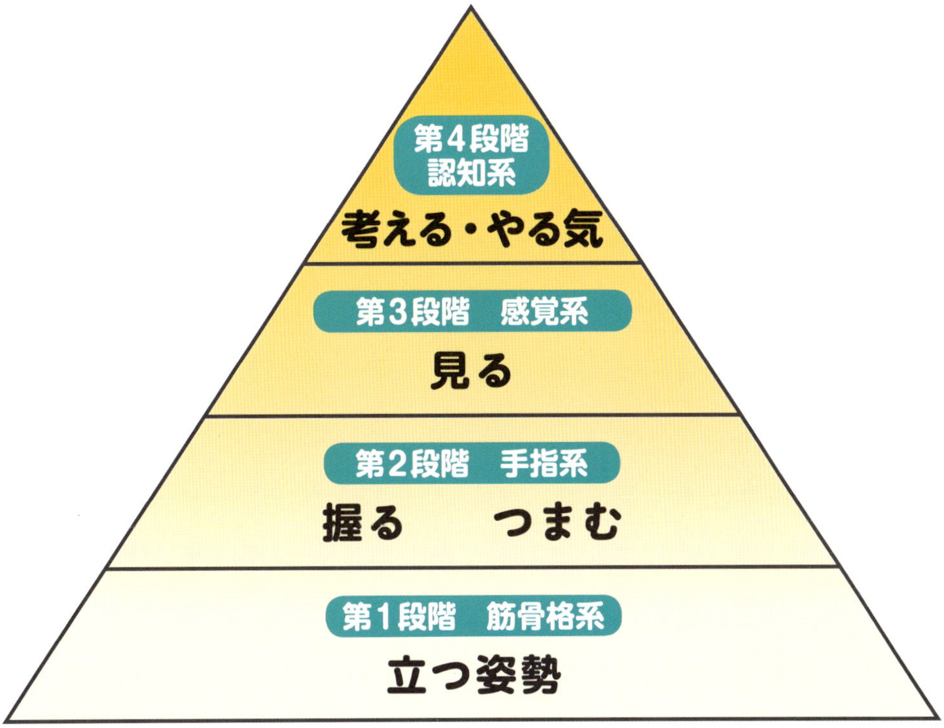

上手に歯みがきをするためには、やる気や考える（第４段階）だけでなく、よく見て（第３段階）、歯ブラシ、コップなどを操作する（第２段階）ことが必要です。

POINT!

- **歯みがきでは、手首の動きが大切**
- **うがいでは、頭を後ろに倒す動きと前にかがむ動きのバランス感覚が必要**
- **手洗いでは、左右の指をしっかり伸ばすことが大切**

→ 歯みがきでは、握り、つまみの両方の操作をしますが、いずれも手首の動きが重要となります。うがいでは、前後方向に体を傾かせるため、バランス感覚が必要となります。また、手洗いでは左右の指を伸ばさないと、上手に洗えません。

3 指導アラカルト

うがい

うがいチェック

★

正しいうがいのやり方をうながす

うがいをしてみましょう。口をあけたまま勢いよく水を出すと、周りや服を汚してしまいます。前かがみの姿勢を意識させて、口を一回閉じてから出すようにうながします。

家でできる
コップ
チェックリスト 6 に有効

口をあけてのどを洗ったあと、いったん口を閉じてから、前かがみになって水を出しましょう

うがい

おでこ載せ歩き

★★

正しいうがいのやり方をうながす

顔やおでこに、ハンカチなどの小物を載せて歩きます。慣れてきたらゲーム感覚で、落とさないように意識させるのもよいでしょう。うがいのとき、首を後ろに倒す練習になります。

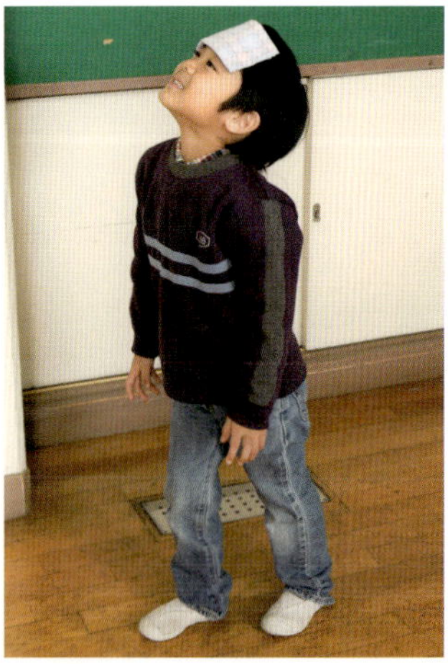

頭を後ろに倒して、ハンカチが落ちないように歩きます

家でできる
ハンカチ
チェックリスト 6 に有効

うがい

風船遊び

★

正しいうがいのやり方をうながす

天井に浮かんでいる風船を見つめます。大人が風船を高く掲げてもいいでしょう。首を後方に倒す動きを学びます。

家でできる
風船
チェックリスト 6 に有効

頭を後ろに倒して、高く掲げられた風船を見つめます

顔を洗う

水すくい

★

水をすくう動きをやしなう

両手を合わせて水をすくいます。手首の動きがポイントです。水道の水を手にためる練習になります。

家でできる
チェックリスト
5 8 10 に有効

洗面器の水をすくうときには、手首を使います

手洗い

バイク体操（P75参照）

★★

手の感覚過敏対策にもなります。

家でできる
チェックリスト
1 3 5 7 8 9 に有効

手洗い

指の開閉運動

★★

指の力をやしなう

両手を前に出し、力一杯、指を開く、閉じる動作を行います。手を洗う、両手で水をすくうなど、指をしっかりと伸ばす動きにつながります。しっかり指を閉じるのはむずかしいものです。５本指が全部くっついているか確認しましょう。

家でできる
チェックリスト
7 8 10 に有効

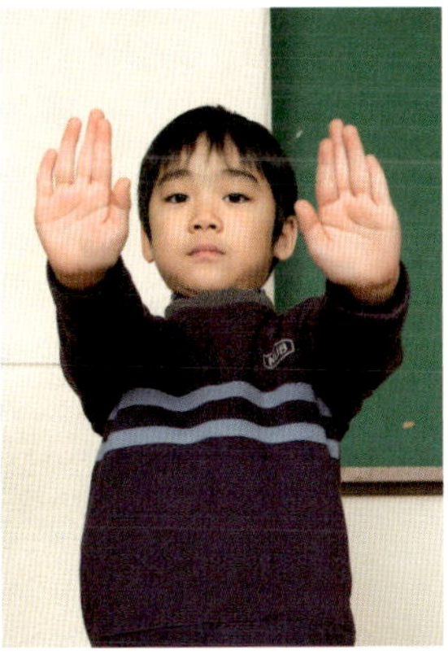

５本すべての指を、閉じたり開いたりします

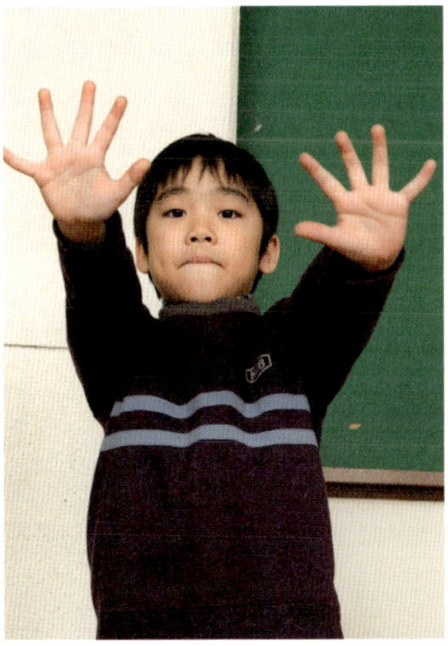

NG 手に力が入っていません

手洗い

ペーパータオルの活用

★

力加減、協調性をやしなう

衛生管理のために、タオルではなくペーパータオルを使用する機会が増えてきました。小さく丸めてごみ箱に捨てる習慣をつけましょう。手を洗うときの両手の操作、力加減を覚えます。

家でできる
ペーパータオル
チェックリスト
1 3 5 8 に有効

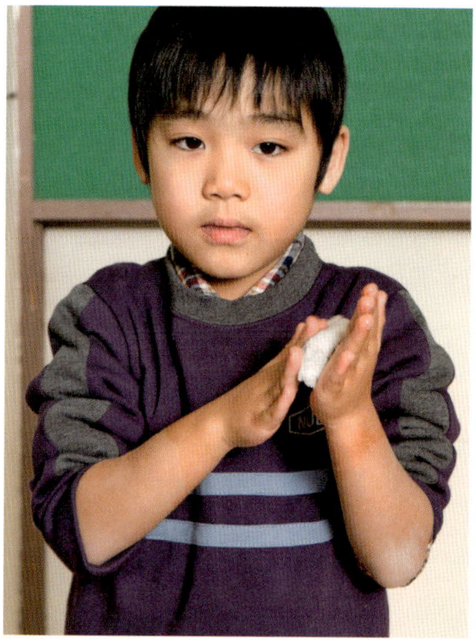

ペーパータオルを使い終わったら、小さく丸めてから捨てます

髪をとかす

タオルドライ（P76参照）

★★

家でできる
チェックリスト
1 3 5 7 8 10 に有効

髪をブラシでとかしたり、髪を洗う動きにつながります。

歯みがき

歯ブラシ持ちチェック

★

正しい歯ブラシの持ち方をうながす

手首が垂れ下がらないように観察します。垂れ下がってきたら、サポートしてあげましょう。

手首を水平にして歯ブラシを5本指で握っています

NG 手首が下に下がっています

家でできる
歯ブラシ
チェックリスト
1 2 に有効

歯ブラシを3本指でつまんでいます

歯みがき

歯みがきサポート

★★

家でできる

歯ブラシ

チェックリスト

1 に有効

正しい歯ブラシの持ち方をうながす

手首を下げずに歯ブラシを握るようにサポートします。

奥歯をみがくときは、奥歯とブラシが水平になるように手首を調整します

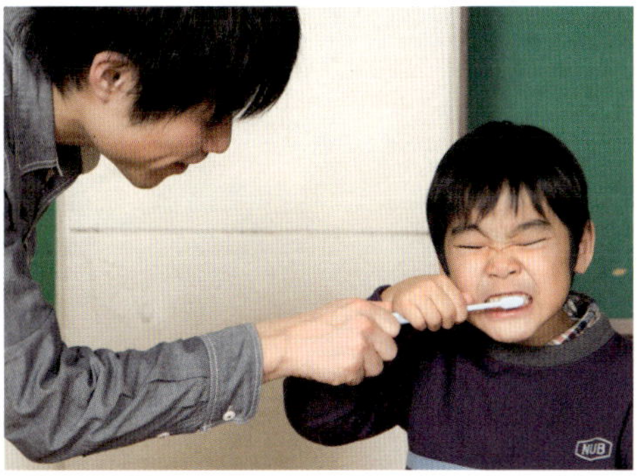

前歯は過敏です。強く押さえつけないように注意します

歯みがき

歯ブラシの工夫

★

正しい歯ブラシの持ち方をうながす

歯ブラシの柄を太くすると、持ちやすく、握りやすくなります。

歯ブラシの柄にアルミホイルなどを巻きつけて、太くします

家でできる

歯ブラシ

アルミホイル

チェックリスト

1 に有効

鼻をかむ

寝て鼻呼吸

★

鼻での呼吸をうながす

床にあお向けに寝て、深呼吸します。口を閉じたまま、鼻で呼吸しましょう。正しくできているか、チェックしてください。

あお向けになって鼻だけで呼吸します

家でできる

チェックリスト

4 に有効

歯みがき

口の体操

★★

口の動きをやしなう

唇を隠したり、出したりを繰り返します。

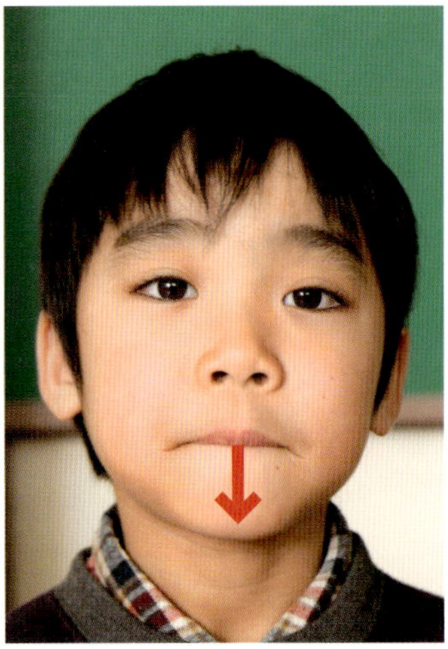

上唇を下方に動かします

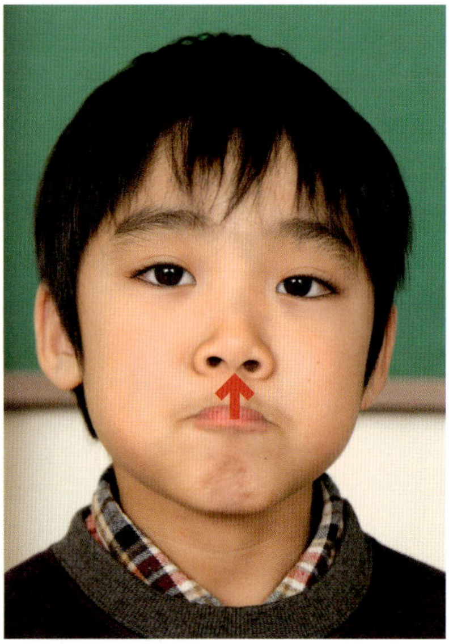

下唇を上方に動かします

家でできる
チェックリスト
1 2 に有効

鼻をかむ

笛遊び（P54参照）

★

家でできる
笛
チェックリスト
4 に有効

整容が苦手な子への
サポートのコツ

指先だけでなく、手首を返して歯ブラシを動かす

上手に歯を磨くためには、歯ブラシを持ったり握ったりという指先の動きだけでなく、手首を使うことがポイントになります。

第3章

遊び・運動が苦手

CONTENTS

1 かけっこが苦手

就学に向けて 走ることは体育や遊びのあらゆる場面で基本となる動きです。体力テストにも50メートル走があります。走る動きを確認しましょう。

1 苦手チェックリスト

こんな子いませんか？

1. 走っているとき、腕の振りがたりない
2. 走るスピードが遅い
3. 下を向いて走っている
4. 脚を外側に振り出して走っている
5. 走っているとき、ひざが上がらない
6. 足の裏全体に体重をかけて走っている（いわゆるドンドン走り）
7. 走っているときによく転ぶ
8. まっすぐに走れない（ふらつく）
9. 頭を傾けて走る
10. カーブを走るときにふらつく

2　動きの解説

走る動作には脚の筋力も大切ですが、加速し、体が倒れないように姿勢を保持するバランス感覚や視覚の働きも重要になります。

［走るのピラミッド構造］

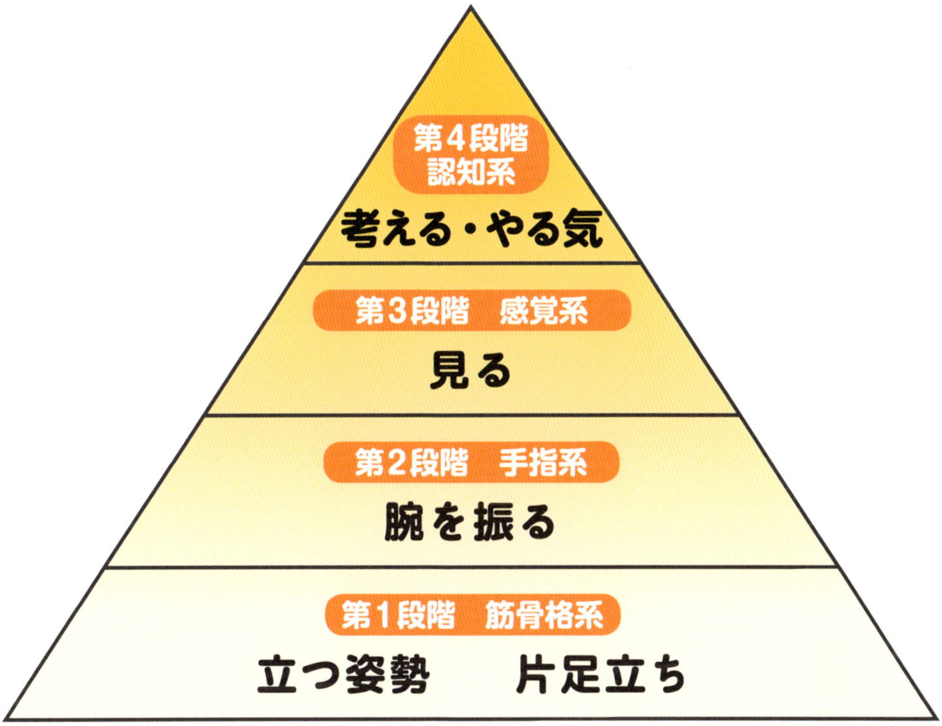

上手に走るためには、やる気や考える（第４段階）だけでなく、よく見て（第３段階）、腕を振り（第２段階）、前かがみで足を交互に蹴り出します（第１段階）。

POINT!

- **走るときは体幹を前傾させる**
- **脚を前に出すときは、ひざを上げる**
- **足のつま先部分に体重をかける**

→ 走るときは、加速するために、体幹が前かがみになります。足を振り出すときは、ひざを上げると推進力が増します。足底面は、つま先部分に重心がかかります。また、転ばないようにするには、足の筋肉とバランス感覚の果たす役割が大きいといえます。

3 指導アラカルト

つま先歩き ★

正しい姿勢をやしなう

かかとを床から離して、つま先を使って歩きます。ドンドンと足を鳴らして早く歩くようなときは、ゆっくり歩くように意識させます。

つま先を立てて歩きます

家でできる
チェックリスト
6 に有効

ひじ曲げ ★

正しい姿勢をやしなう

腕を伸ばしたままではなく、ひじを曲げて振ります。左右の腕を交互に振る動きをうながします。

ひじを曲げたまま、腕を前後に振ります

家でできる
チェックリスト
1 2 に有効

壁押し運動 ★

体幹の前傾を引き出す

両手で壁を強く押します。このとき、体幹を前傾させて、体重の移動をうながします。ボールやクッションを使って押すのもよいでしょう。

家でできる
チェックリスト
２３に有効

すべって転ばないように、足を前後に開いてバランスをとります。背筋はまっすぐ伸ばします

機関車体操 ★

腕を振る力がつく

腕を伸ばして走っている場合は、このような運動でひじを曲げ、腕を背中側に動かすようにうながしましょう。

ひじを曲げ、機関車の車輪のように腕を前後に振ります

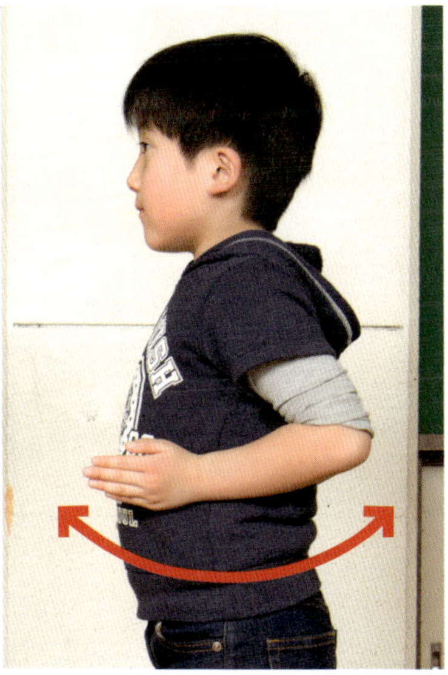

家でできる
チェックリスト
２３に有効

ひざ立ち歩き

★★

体幹のひねり、腕の振りをうながす

床に両ひざをつけて、ひざ立ち姿勢になります。この姿勢で、前進していきます。ひじは曲げたままにします。

家でできる
チェックリスト
1 に有効

ひざ立ちで前に進みます

四つばいと高ばい歩き（P21参照）

★★

家でできる
チェックリスト
4 5 7 8 9
に有効

サークル線上走り

★★

走って曲がる練習をする

四角や円に線を引き、その上からはみ出さないように走ります。

家でできる
チェックリスト
7 10 に有効

線の上を走ります。複数人で走ってもよいでしょう

サークル線内自由走り

★★★

向きを変えるバランス感覚をやしなう

線を引きます。その中ならば、どこを走ってもよいというルールを決めます。親が鬼になって追いかけてもよいでしょう。

家でできる
チェックリスト
7 10 に有効

線の中で方向を変えながら自由に走ります

• before & after •

腕を振る力が身につくと、上手に走れるようになります。

before

腕が伸びていて、振る動作が見られません

after

ひじが曲がり、ひざも上がるようになります

かけっこが苦手な子への
サポートのコツ

走るのに最重要な部分は体幹

走るには、足、腕の動きはもちろん必要ですが、それ以上に体幹が重要になります。

2 自転車・三輪車が苦手

就学に向けて 小学生になると、行動範囲が広がり自転車に乗ることも増えてきますが、苦手な子が無理をすると事故にもつながりかねません。安全に自転車に乗るための体の動きができるようにしておきましょう。

1 苦手チェックリスト

こんな子いませんか？

1. サドルに座れない（三輪車）
2. 上手にペダルを踏みこめない（自転車／三輪車）
3. ペダルから足をはずし、両足で歩く（自転車／三輪車）
4. 乗ってもすぐに降りてしまう（自転車／三輪車）
5. ブレーキを上手に握れない（自転車）
6. 倒れたとき、１人で起こせない（自転車）
7. 立ちこぎできない（自転車）
8. 上手にこぎ始められない（自転車）
9. ブレーキをかけて止まったときにふらつく（自転車）
10. 乗りながら周囲を見ることができない（自転車）

2　動きの解説

自転車に乗るときは、サドルにまたがって座り続けながら、両手でハンドルを調整してペダルをこぎます。複合的な動きになりますので、バランス感覚、視覚が重要になります。

［自転車のピラミッド構造］

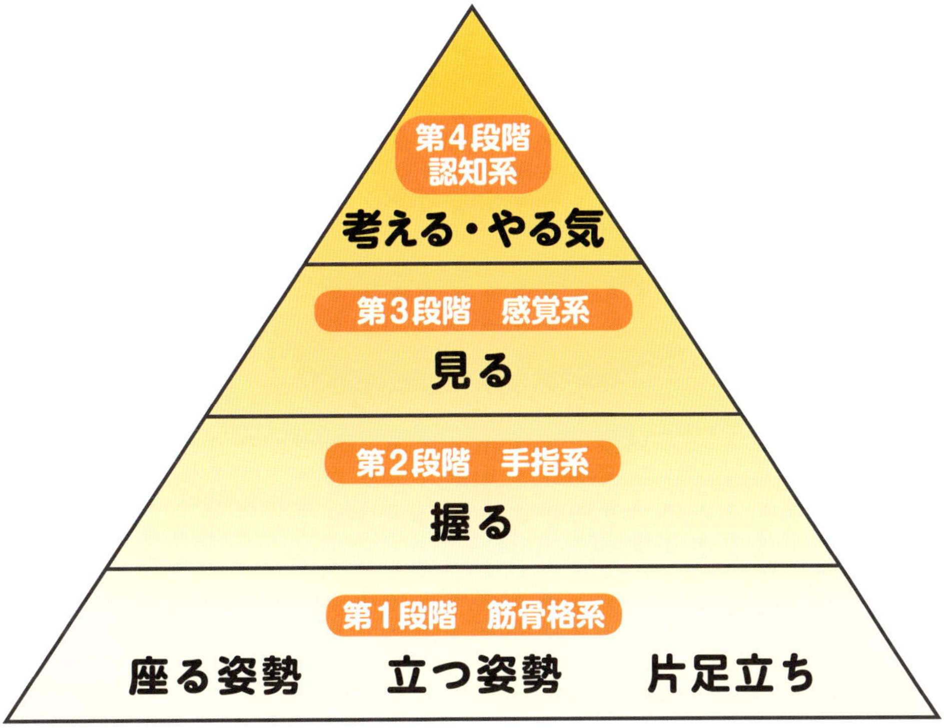

上手に乗るためには、やる気や考える（第４段階）だけでなく、よく見て（第３段階）、ハンドルを操作し（第２段階）、座りながらペダルを交互に動かせなければなりません（第１段階）。

POINT!

- **倒れないようにするためにバランス感覚が必要**
- **三輪車はペダルをしっかり踏んでこぎ出す**
- **自転車は左右の手でハンドルを調整してこぎ出す**

→ サドルに座ってペダルでこぐためには、バランス感覚が求められます。三輪車のこぎ始めには、ひざの曲げ伸ばしと足首の踏んばりが必要になります。自転車のこぎ始めの場合は、ある程度スピードが出るまで、両手でハンドルを調整しなければなりません。

3 指導アラカルト

三輪車ペダルこぎサポート

★

脚の動きを学ぶ

最初の踏み出しから練習をするのではなく、補助つきでスピードになれさせてから、脚の動きを学習します。

公園でできる
三輪車
チェックリスト
1 2 3 4
に有効

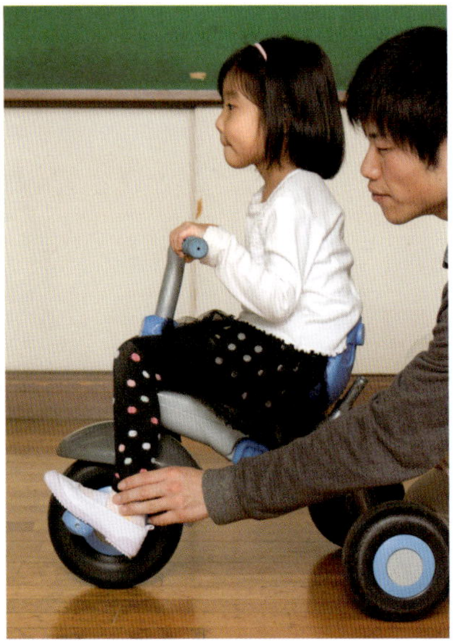

足首に手をそえて、脚の動きをうながします

乗りもののおもちゃで練習

★

体幹の前傾、足首のけり、方向転換を学ぶ

おもちゃの乗りものに乗って、三輪車や自転車に乗るための姿勢や動きを学びます。

家でできる
乗りものおもちゃ
チェックリスト
1 4 に有効

安定性のあるおもちゃで練習すれば安心です

マジックハンド遊び

★★

ブレーキのかけ方を学ぶ

マジックハンドのレバーを握り、おもちゃをはさみます。

家でできる
マジックハンド
チェックリスト
5 9 に有効

マジックハンドで、ブロックなどのつかみやすい形のおもちゃをはさみます

バランスボールの活用（P34参照）

★★★

家でできる
チェックリスト
4 6 7 に有効

ブランコの活用

★★

バランス感覚をやしなう

ボードにまたがり、左右に体を傾けながらバランスをとる練習をします。周りの人にぶつからないように安全を確認してから行いましょう。

公園でできる
ブランコ
チェックリスト
4 6 8
に有効

ブランコのボードにまたがって、左右に体を揺らしてバランスをとります

傾いた自転車を立て直す ★

自転車の起こし方を学ぶ

あらかじめ、地面に自転車を寝かせておきます。１人で起こしてから、乗る練習をします。前輪が曲がっていたら、ハンドルを調整して位置を正面に修正しましょう。

公園でできる
自転車
チェックリスト
6 に有効

倒れた自転車を１人で起こします

またがって静止 ★★

止まり方を学ぶ

ブレーキをかけて止まったとき、立ったまま静止しなければなりません。つま先立ちで静止するようにうながします。

公園でできる
自転車
チェックリスト
9 に有効

つま先だけを地面につけます

しばらく自転車を静止させます

ブレーキかけの練習 ★★

止まり方を学ぶ

大人が合図して、急ブレーキをかけさせます。瞬時にブレーキを握れるか確認します。倒れないように、同時に左右の足でバランスがとれているかもチェックしましょう。

公園でできる
自転車
チェックリスト
9 に有効

合図と同時にブレーキを握ります

周りを見て乗る ★★★

公園でできる
自転車
チェックリスト 10 に有効

見る力をやしなう

自由に、好きなように乗るのではなく、コースを決めて周囲を見ながら乗りましょう。

● before & after ●

バランス感覚がついてハンドルがグラグラしなくなり、まっすぐに自転車をこげるようになります。

before

ハンドルが左右にグラグラし、まっすぐ自転車を進めることができません

→

after

まっすぐに自転車を進めることができています

自転車・三輪車に乗るのが苦手な子への
サポートのコツ

ブレーキをかける力（握る力）にも注目

自転車に１人で乗れるようになるには、こぐ力だけではなくブレーキがかけられることも大切です。握る力を確認しましょう。

3 ブランコが苦手

就学に向けて ブランコは自然にバランス感覚を鍛えることができる遊具の1つです。多くの小学校にはブランコはありませんが、公園などで乗ることもあります。苦手な場合はサポートして乗れるようにしてあげましょう。

1 苦手チェックリスト

こんな子いませんか？

1. こわがってすぐに降りてしまう
2. 安定して座れない
3. 座れるが、1人でこげない
4. 鎖を握る力が弱くて、手を放してしまう
5. ひざの曲げ伸ばしが上手にできない
6. 1人で止められない
7. ブランコに乗って背中などを押されるのを嫌がる
8. 1人で立ってこげない
9. 脚で反動をつけてこげない
10. 手を鎖から放してしまう

2　動きの解説

ブランコに乗るには、手足の筋力だけではなく、落ちないようにするバランス感覚が必要です。また、位置をキャッチするために見る力も使います。

［ブランコのピラミッド構造］

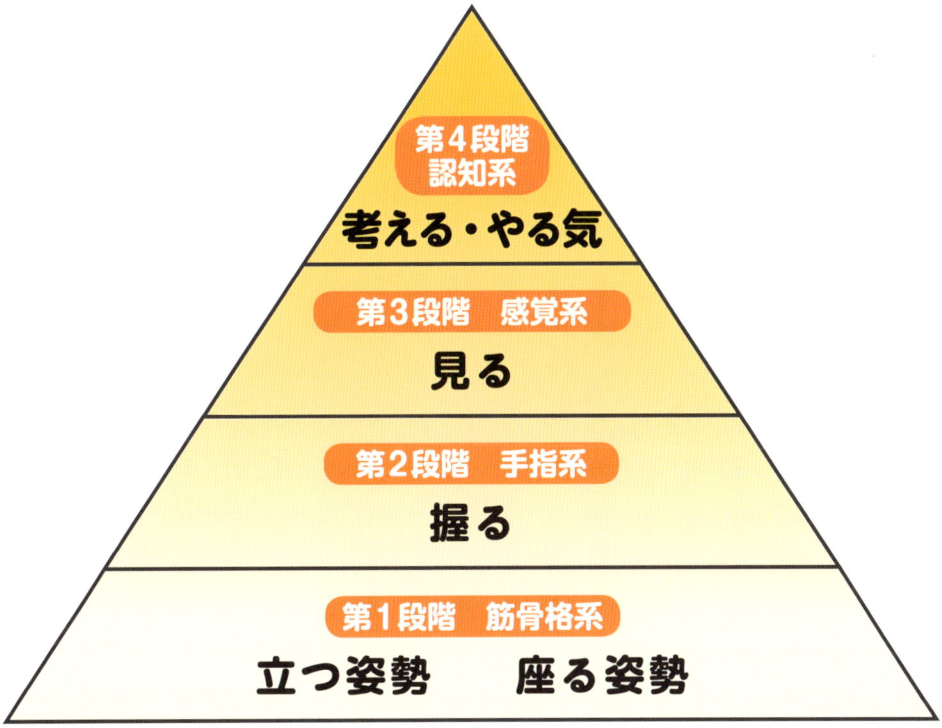

上手にブランコに乗るためには、やる気や考える（第４段階）だけでなく、よく見て（第３段階）、鎖を握り（第２段階）、落ちないように座りながら動かす（第１段階）必要があります。

POINT!

- **揺れに対するバランス感覚が必要**
- **ブランコをこぐためには、脚や手に力を入れるタイミングが重要**
- **立ちこぎには、体幹の保持力やひざの曲げ伸ばしが必要**

→ 体が前後左右に揺れるため、揺れに対するバランス感覚が求められます。そして、上手にこぐためには、脚の筋力だけではなく、脚や手に力を入れるタイミングが重要です。立ちこぎするときには、体幹の保持力やひざを曲げ伸ばしする動きを使います。

3 指導アラカルト

座り姿勢の確認

★

正しく座る姿勢をやしなう

こぐ前に、ボードに猫背で座っていないか、ボードに深く座りすぎていないか、ずり落ちていないか確認して、セットしてあげましょう。

公園でできる
チェックリスト
2 に有効

NG ボードに深く座り、猫背になっています

ボードに垂直に、背筋をまっすぐにして座れています

タオル引っ張り遊び（P62参照）

★

家でできる
チェックリスト
3 4 9 10
に有効

鎖を握り続ける力をやしないます。

鎖を握る場所の確認

★

正しい鎖の握り方を学ぶ

鎖を握るときは、親指がほかの指と対向するようにセットします。怖がっている場合は、たとえば握る位置を耳の高さくらいにセットすると安定します。子どもの状態に応じて、位置を検討しましょう。

公園でできる
チェックリスト
4 10 に有効

親指とほかの指を対向させて、鎖をはさんで握っています

NG 親指がほかの指と対向していません

後ろから跳び乗る

★★

ブランコの乗り方を学ぶ

自力でボードにお尻をつけて、後ろに下がります。そして、ジャンプしてボードに乗る練習です。１人で乗るための第一歩です。

後ろに下がり、ぴょんと跳び乗ります

公園でできる
チェックリスト
3 に有効

ブランコの揺らし方

★

揺らし方を学ぶ

大人が揺らしてあげる場合は、鎖を持つ手をサポートしながら、揺らします。慣れてきたら、揺らすスピードに緩急をつけてもよいでしょう。

公園でできる
チェックリスト
1 2 3 7
に有効

鎖を持つ手の部分を持って、揺らします

右足、左足を動かす ★★

揺らし方を学ぶ

ブランコを少し揺らしてから、大人が正面で向かい合って、「右足伸ばして」「左足あげて」と声をかけましょう。伸ばした足やひざにタッチして押します。足でこぐタイミングが身につきます。

公園でできる
チェックリスト
3 5 9
に有効

右足、左足と指示どおりに足を上げ、大人はタッチして押します

立ちこぎ ★★

立ちこぎの方法を学ぶ

ボードに立ったまま、腕で引きつけてブランコをこぎます。ひざを屈伸させて勢いをつけているか確認しましょう。

公園でできる
チェックリスト
8 に有効

ひざを曲げ伸ばししてブランコを揺らします

地面こすり運動

★

動きの止め方を学ぶ

起立し、片方の脚は動かさず、もう片方の脚を前後方向に動かして地面をこすります。できたら、反対の脚を動かします。ブランコから降りるときに、動きを止める動きにつながります。

家でできる
チェックリスト
6 に有効

直立して、片側の脚だけを前後に動かします

• before & after •

ブランコに正しい姿勢で座り、こぐことができるようになります。

before

ボードに深く座って猫背になっています。これでは、上手にこげません

after

ボードに垂直に座り、背筋が伸びているので、上手にこげます

ブランコが苦手な子への
サポートのコツ

ブランコの揺らし方は緩急がポイント

ブランコをつい大きく揺らしがちになりますが、小さく→だんだん大きく→小さく、というように緩急をつけて揺らすと、バランス感覚がより身につきます。

4 ボール遊び（投げる・とる）が苦手

就学に向けて 小学校では、ドッチボールなどボール運動をする機会が多くなります。就学前から徐々にボールに親しんでおきましょう。小さいボールより、バレーボール大のボールを使うとよいでしょう。

1 苦手チェックリスト

こんな子いませんか？

1. 猫背でボールを投げる・とる
2. 飛んでくるボールをとらずに逃げる（顔をそむける）
3. 飛んでくるボールを目で追うことができない
4. ボールをとるとき、滑って転んでしまう
5. ボールをとるとき、ひざが伸びて棒立ちになっている
6. バウンドしてきたボールを上手にとれない
7. 相手を見ながら上手に投げることができない
8. 片脚を上げて上手に投げることができない
9. スナップを効かせて上手に投げることができない
10. ボールを投げるとき、方向が定まらない

2　動きの解説

ボール投げは相手を見ながら動作をするため、目と手を協調させなければなりません。また、正確に投げたり、ボールが滑り落ちないようにする手首の使い方も大切になります。

[ボール投げのピラミッド構造]

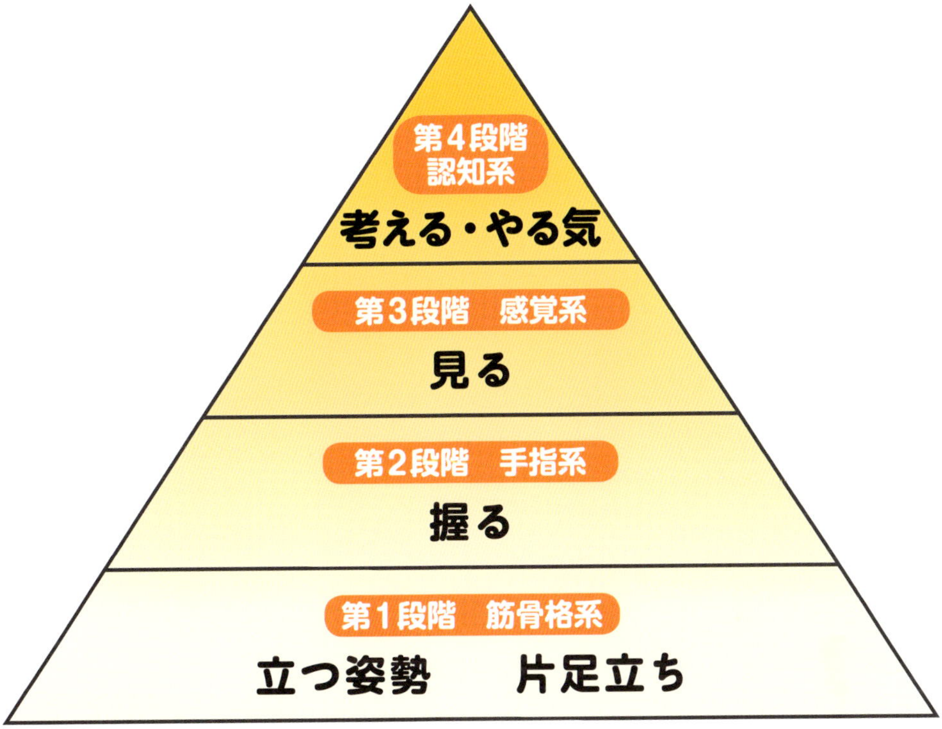

上手に投げるためには、やる気や考える（第４段階）だけでなく、立って、片足を上げながら（第１段階）、ボールや人をよく見て（第３段階）、ボールを操作する（第２段階）ことが必要です。

POINT!

- **ボールを投げる・とるときには、バランス感覚が必要**
- **ボールを投げるときには、手首でコントロールすることが必要**
- **ボールをとるときには、両目でボールを見ることが必要**

→ ボールを投げる・とるときには、腕の力だけでなく、バランス感覚が必要です。また、ボールを投げるときには、手首を使ってコントロールしなければなりません。ボールをとるときは、両目で遠近感を測るための見る力が求められます。

3 指導アラカルト

姿勢チェック ★

家でできる
ボール
チェックリスト
1 に有効

正しく立つ姿勢をやしなう

ボールを投げたり、とったりする前の起立姿勢を確認しましょう。足を開き、背筋を伸ばしているかチェックします。

追いかけっこ遊び（とる） ★

家でできる
ボール
チェックリスト
2 3 4 5 6 に有効

足腰の力をやしなう

大人と子どもが横に並び、大人がボールを床に転がし、子どもがとりにいきます。ボールをとるときに、しゃがみ姿勢ができているかチェックします。足腰も鍛えられます。とるときに転んでしまったら「負け」というゲーム形式にしてもよいでしょう。

大人が転がしたボールを、子どもがとりに行きます

床バウンドキャッチ（とる） ★★

家でできる
ボール
チェックリスト
2 3 6 に有効

見る力、手首の力をやしなう

大人と2人で向かい合います。床にワンバウンドさせてボールを投げ、一方がキャッチします。できるだけ目でボールを追うようにうながします。床に思いきりボールをたたきつけるため、手首の力もやしなわれます。

ワンバウンドしたボールが落ちてくるところを、手のひらを上にして受け取ります

床ボール転がし（投げる）

★

手首の力、見る力をやしなう

手首をそらして、床のボールやバランスボールを転がします。しゃがむ姿勢や手首をそらす動き、見る力をやしないます。

しゃがんだ姿勢のままボールを転がします

手首の力でボールを転がします

家でできる
ボール
バランスボール
チェックリスト
7 9 10 に有効

NG 手首を使わず、腕全体でボールを転がそうとしています

手首で上手にボールを転がせない場合は、サポートして手首のスナップをうながします

ばんざい投げ（投げる）

★★

腕の保持力、手首の力をやしなう

両腕を上げて、頭の上から両手でボールを投げます。

家でできる
ボール
チェックリスト
7 9 10 に有効

頭の後ろからふりかぶってボールを投げます

両手頭上スロー&キャッチ（投げる・とる）

★★

家でできる
ボール
チェックリスト 9 10 に有効

手首の使い方を学ぶ

顔あたりにボールを持ち、天井に向けてボールを投げます。天井にぶつけないように注意しましょう。手首の力加減を学びます。

ボールを真上に投げ上げます

上手に投げられないときは、サポートします

タオルボール（投げる）

★★

片手での投げ方を学ぶ

タオルを玉結びします。端を握り、片手のオーバースローで投げます。できるようになったら、さらにボール状に丸め、同様にオーバースローで投げます。

家でできる
タオル
チェックリスト 7 8 9 10 に有効

端を握ってタオルを投げます

出前のせ歩き（投げる）

★★

手首の使い方を学ぶ

手首を反らして手のひらにボールを乗せ、落とさないように静止します。できるようになったら、ゆっくりと落とさないように歩きます。

家でできる
ボール
チェックリスト 9 10 に有効

ボールを手のひらにのせて、ゆっくり歩きます

下方スロー（投げる）

★

手首・ひざの使い方を学ぶ

両手にボールを持って、ひざを曲げてしゃがみます。股下からボールを投げます。

家でできる
ボール
チェックリスト
7 9 10
に有効

ひざを曲げて投げます

NG

ひざが曲がらず、直立したまま投げています

before & after

正しい姿勢で、ボールを遠くに投げることができるようになります。

before

ひじを曲げ、手首を使ってボールを投げています

after

腕全体で、ボールを押し出すように投げています

ボールを投げる・とるのが苦手な子への
サポートのコツ

投げるときは両手で、とるときは「とりにいく」ところから始める

片手で投げるよりも、両手で投げるようにうながします。とる場合は、「止まってとる」よりも「とりにいく」動きを身につけましょう。

5 ボール遊び（蹴る）が苦手

就学に向けて ボールを蹴るときは、力強く蹴ることができればよし、と考えがちです。小学校では、サッカーをすることも多くなりますので、相手に合わせてパスをしたり、やさしい力でキックしたりすることが必要となります。

1 苦手チェックリスト

こんな子いませんか？

1. 猫背で蹴っている
2. 顔が下ばかり向いている
3. 転がってきたボールを、上手に足で止められない
4. ボールを追いかけているときに転ぶ
5. 空振りをする
6. 足の振りが足りない
7. 蹴ったあと転ぶ
8. 相手を見てボールを上手に蹴れない
9. ボールを上手に見ることができない
10. ボールしか見ることができない（周りを見ることができない）

2　動きの解説

走る、止まる、片脚を上げるなどのバランス感覚が求められます。ボールをすばやく目でとらえるため、見る力も必要になります。

［蹴るのピラミッド構造］

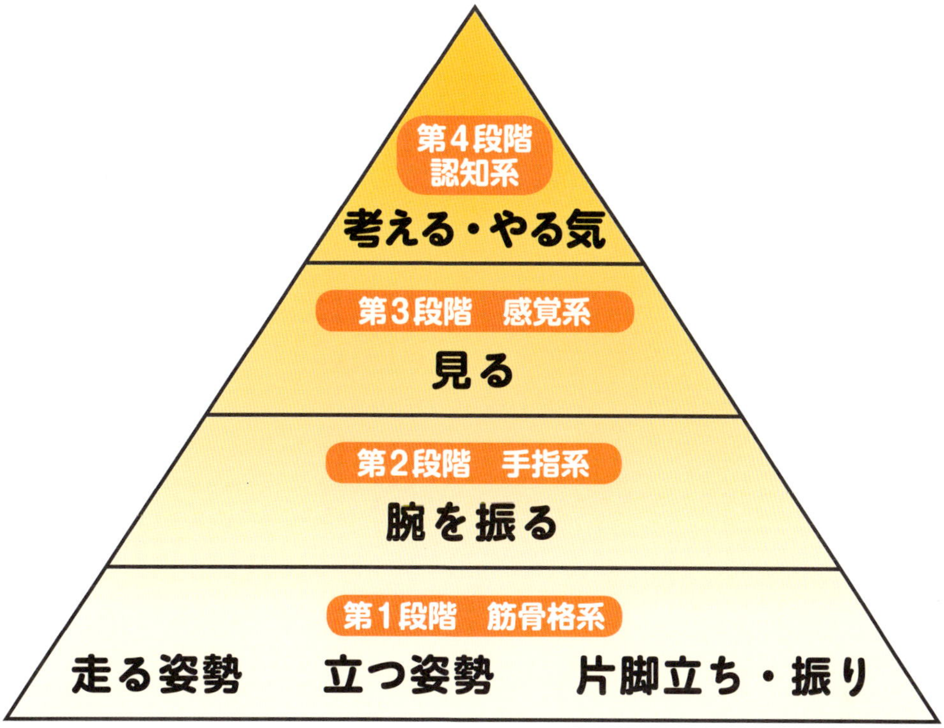

上手にボールを蹴るためには、やる気や考える（第４段階）だけではなく、立ち、走り、片脚をあげたりしながら（第１段階）、ボールや人をよく見て（第３段階）、ボールをキックする（第２段階）ことが必要です。

POINT!

- **片足を上げるためには、バランス感覚が必要**
- **蹴る脚を後ろに引いてから蹴る**
- **転がるボールとの距離間をつかむために、見る力が必要**

→ 転がってきたボールを足で止めたり、キックするために片脚を上げたりするには、足の筋肉だけではなく、バランス感覚も必要です。蹴るときは、股関節を後ろに引き、ひざを曲げる動きを同時にしながら片脚立ちになります。体とボールの距離を調整し、ボールを止めてキックをします。

3 指導アラカルト

姿勢チェック ★

正しい姿勢をうながす

ボールを蹴る前の「構え」のときの、起立姿勢をします。背筋が伸びているか確認しましょう。

家でできる
ボール
チェックリスト
1 2 に有効

背筋が伸びています

ボールストップ ★★

家でできる
ボール
チェックリスト
10 に有効

見る力をやしなう

大人がボールを蹴って転がします。いきなり蹴るのではなく、足でボールを一度止めることから始めましょう。慣れてきたら、相手をみて、蹴って返します。

転がってきたボールを、足の裏で止めます

なれてきたら、つま先で蹴って返します

ボールはさみジャンプ

★★

足首・ひざの使い方を学ぶ

両ひざの間にボールをしっかりはさみます。はさみながらジャンプします。

家でできる
ボール
チェックリスト
4 7 に有効

ボールを落とさないようにジャンプします

片足ボールのせ

★★

バランス感覚をやしなう

片足をボールにのせて、動かないようにバランスを保って静止し続けます。眼を閉じた状態でも止めてみましょう。

家でできる
ボール
チェックリスト
3 7 8
に有効

片足をボールにのせて静止します

壁支えキック

★

正しい蹴り方を身につける

壁を手で支え、片脚を上げて蹴りだす動きを学びます。ボールは使わず、素振りで行います。慣れてきたらボールを置いて蹴ってみます。

家でできる
ボール
チェックリスト
5 6 7 8
9 に有効

壁を支えにして、ボールを使わずキックして、姿勢を覚えます

ボールを見て蹴りましょう

ケン・ケン・パ

★

片脚立ちをうながす

片方の脚のひざを曲げ、もう片方の脚を後ろに引いた状態でケンケンしたあと、両足で着地します。

家でできる

チェックリスト

3 4 5 6 7 に有効

両方の脚で行いましょう

靴下キック

★

正しい蹴り方を身につける

大人の古くなった靴下を丸めて、ボールにします。壁につかまらずに、靴下を蹴ります。

靴下をボール状に丸めたものを蹴ります

家でできる

靴下

チェックリスト

5 6 7 8 9 に有効

クッションキック

★

正しい蹴り方を身につける

靴下では小さすぎて空振りするようなときは、クッションを丸めて蹴る方法もあります。

丸めたクッションをボールに見立てて蹴ります

家でできる

クッション

チェックリスト

4 5 6 7 8 9 に有効

大きなビニールキック

★

正しい蹴り方を身につける

大きなビニールを丸めてボールにし、力強く蹴ります。
遠くに飛ばないので、狭い場所でも取り組めます。

家でできる

ビニール袋

チェックリスト
4 5 6 7
8 9 に有効

ビニール袋で作ったボールを力いっぱい蹴ります

• before & after •

正しいボールの蹴り出しができるようになります。

before

後ろに脚をひかずに、反動なしで蹴っています

after

反動をつけて蹴り出せています

蹴るのが苦手な子への サポートのコツ

ボールを止める動きの習得が第一歩

ボールを蹴る動きを練習する前に、ボールを片足で止めることからトライしましょう。スピードよりも確実性を重視します。

6 プールが苦手

就学に向けて 小学校では水泳の授業が始まりますので、水に親しみ、水中で体を動かすことを身につけておきましょう。また、更衣室やトイレでは、立ったまま水着を脱いだり着たりする必要があります。着替えの練習もしておきましょう。

1 苦手チェックリスト

こんな子いませんか？

1. 顔を水につけたり、水がかかるのを嫌がる
2. シャワーを上手に浴びることができない
3. 水中に上手にもぐることができない
4. 手で水を上手にかくことができない
5. 上手に水に浮くことができない
6. 壁をキックして上手に前に進むことができない
7. ビート板を持って脚を動かしているのに、進まない
8. 水の中で体が傾くのをこわがる
9. 人工芝を歩くことを嫌がる
10. 水泳帽をかぶることを嫌がる

2　動きの解説

水に浮くためには、体幹がしっかりしていることが必要です。また、体の位置が変わるので、バランス感覚が必要となります。

［泳ぐのピラミッド構造］

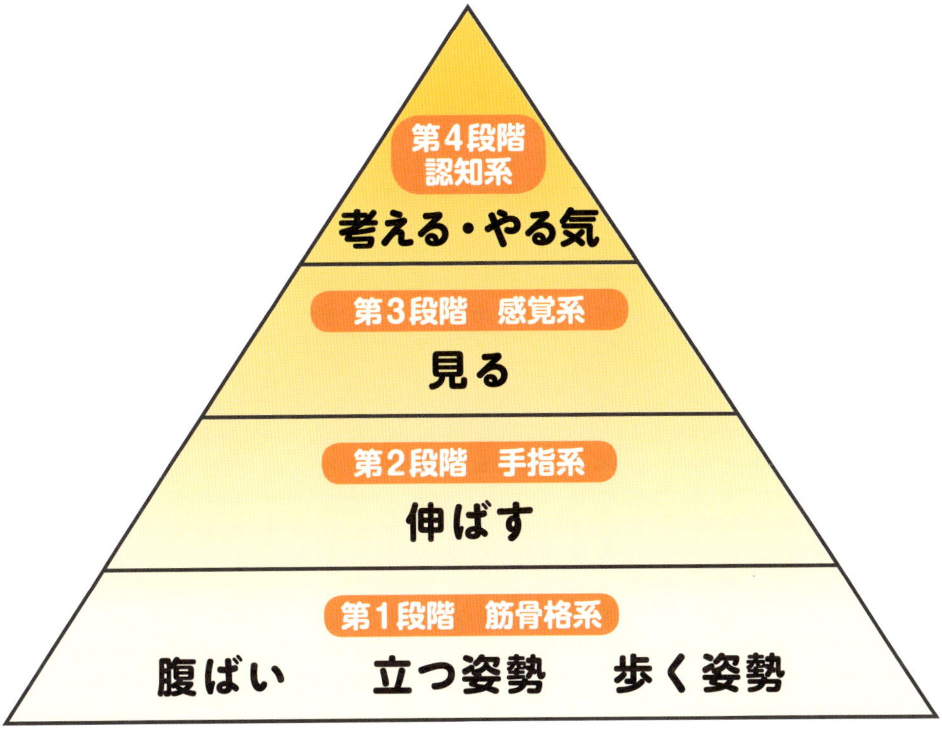

上手に泳ぐためには、やる気や考える（第４段階）だけではなく、水平になって水に浮かび（第１段階）、よく見て（第３段階）、手を動かす（第２段階）ことが必要です。

POINT!

- **体の位置の変化に対してバランスをとる感覚が求められる**
- **体幹を伸ばして体を浮かす**
- **手足を上手に動かすためには、体幹の固定力が必要**

→ 泳ぐときには体の位置が変化しますので、バランス感覚が求められます。また、上手に泳ぐためには、腕や足の力だけではなく、体幹の固定力が必要となります。

3 指導アラカルト

横転（P31参照） ★

頭部が回転するので、バランス感覚が高まります。
体幹のひねりにもつながります。

家でできる
チェックリスト
3 5 8 に有効

いすバタ脚 ★

泳ぐときの脚の動きを学ぶ

いすの座面に腹ばいになり、脚をバタバタさせます。首を上げ、体を反らすことができるか確認します。ひざを伸ばしたまま、左右の脚を交互に動かす練習になります。

家でできる
いす
チェックリスト
3 5 7 8
に有効

首を上げ、体を反らして脚をバタバタ動かします

ヒコーキ ★★★

バランス感覚をやしなう

公園などにある横棒などを利用して腹ばいに乗り、ヒコーキの姿勢をとります。

不安定な場合は、足を持って支えてあげます

家でできる
チェックリスト
3 5 8
に有効

床ヒコーキ

★★

体幹の力をやしなう

床に腹ばいに寝ます。腕や脚を伸ばし、ヒコーキの姿勢をとります。頭が上がっているかを確認します。

家でできる

チェックリスト

3 5 8 に有効

背中を反らして頭を上げ、ヒコーキの姿勢になります

いすもぐり

★

水中での動きになれる

いすの下にもぐって、頭の位置を変えたり、底にタッチしたりします。

プールでできる

いす

チェックリスト

1 3 5 8 に有効

水にもぐれない場合は、いすを使ってもぐる動きを練習します

壁キック

★★

壁の蹴り方を学ぶ

バランスボールに乗り、壁に足をつけてキックします。

家でできる

バランスボール

チェックリスト

3 5 6 8 に有効

足で壁を蹴って、キックの練習をします

両脚バタバタ ★★

脚の動きをやしなう

プールサイドに座り、ひざを曲げたり伸ばしたり、バタバタしたりてみましょう。室内で練習する場合は、いすを使います。

家でできる
いす
チェックリスト 3 5 7 8 に有効

NG 姿勢が後傾し、脚を曲げたままバタバタしています

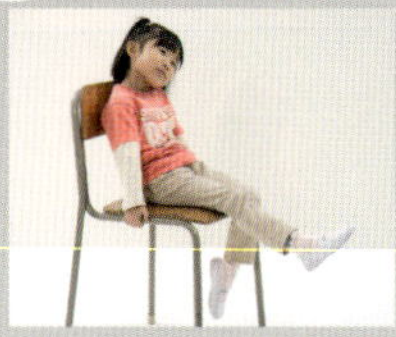

いすに座って両手でサイドをつかみ、脚を伸ばしてバタバタします

もの探し ★★

プールでできる
おもちゃ
チェックリスト 1 3 5 8 に有効

前かがみやしゃがむ姿勢をうながす

プールの底におもちゃを沈め、しゃがんでとります。顔に水をつけてもよいでしょう。

ペットボトル振り（P39参照） ★★

家でできる
ペットボトル
チェックリスト 3 4 5 8 に有効

水かけ（P75参照） ★

しゃがみ姿勢、前かがみ姿勢をとるので、姿勢の学習にもなります。

家でできる
洗面器
チェックリスト 4 に有効

ジョーロかけ（P77参照） ★

家でできる
ジョーロ
チェックリスト 4 に有効

触覚過敏対策

★★

触覚過敏をやわらげる

触覚過敏な子どもは、プールサイドの人工芝を歩いたり、シャワーを浴びたり、目を洗ったりすることが苦手です。準備体操や入水前に、子ども本人が自分の足の裏や顔をこすりましょう。

家でできる
チェックリスト
2 9 10
に有効

しゃがんで足の裏をこすります

● before & after ●

正しい姿勢で水に浮かび、泳ぐことができるようになります。

before

背中や腕が曲がっています

after

背筋と腕が伸びています

泳ぎが苦手な子への
サポートのコツ

水中の動きの練習は、室内から取り組む

泳ぐためには、手、脚だけではなく、体幹が大切になります。室内（床など）で体幹の動きに取り組むと、水の中での動きも変わってきます。

7 書く（描く）のが苦手

就学に向けて 鉛筆などの持ち方が正しくないと、必要以上に力が入り過ぎたり、疲れやすくなったりします。小学校では授業に合わせてノートを取ることが必要になりますので、持ち方を確認し、アドバイスしてて正してあげましょう。

1 苦手チェックリスト

こんな子いませんか？

1. 座る姿勢が崩れている
2. 顔を机に近づけて書く（描く）
3. 鉛筆・クレヨンを持ちたがらない
4. 鉛筆・クレヨンの先端を持って書く（描く）
5. 筆圧が高く（弱く）、線や字が濃い（薄い）
6. 片手で上手に紙を押さえられない
7. 斜めに顔を傾けて書く（描く）
8. 書く（描く）スピードが遅い
9. 書くのが速すぎて字が雑
10. 足をブラブラさせて座っている

2　動きの解説

上手に文字や絵を書く（描く）ためには、正しく座らなければなりません。座る姿勢を保持するには、バランス感覚が必要です。また、鉛筆を持って動かす手と、紙がずれないように押さえる手を両方操作する必要があります。

［書く（描く）ピラミッド構造］

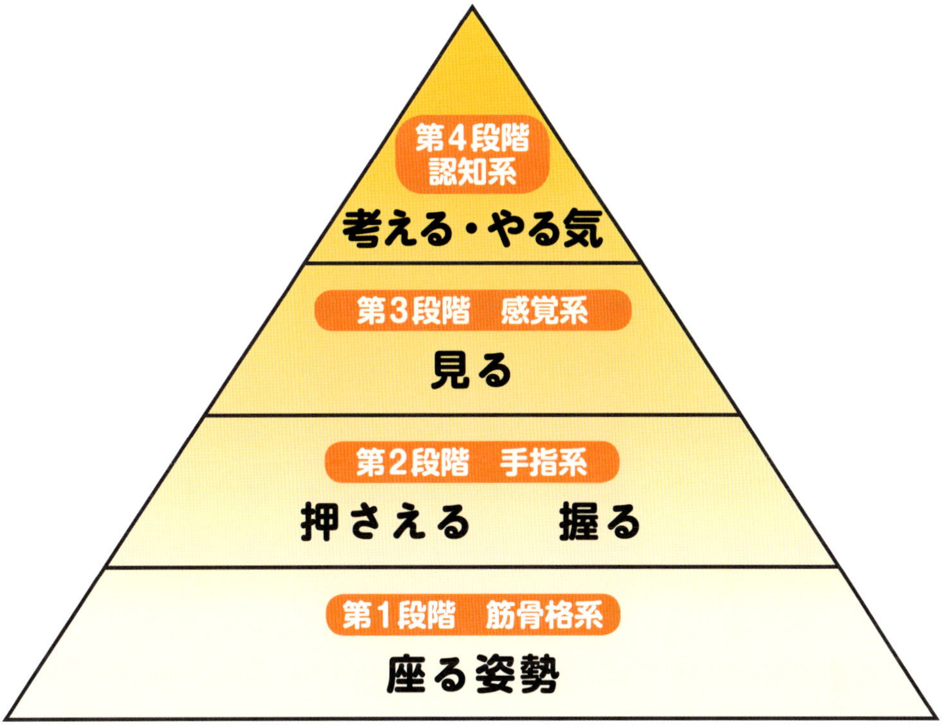

上手に書く（描く）ためには、やる気や考える（第４段階）だけではなく、座りながら（第１段階）、よく見て（第３段階）鉛筆を持ち、紙を押さえて書く（第２段階）ことが必要です。

POINT!

- **足の踏ん張りが体幹を安定させる**
- **体幹が安定すると指先が効率よく動く**
- **腰を丸めず、起こして座る**
- **文字やものを見る力も必要**

→ **腰を丸めて座ると、猫背になって書きにくくなります。また、指先に注目するだけでなく、足が床についているかどうかを確認することも重要です。文字やノートや紙などのものを見る力も必要となります。**

3 指導アラカルト

姿勢チェック ★

正しい姿勢をうながす

書く（描く）前に、座る姿勢が崩れていないか、いすの背もたれに寄りかかりすぎていないか、足が床からはなれてブラブラさせていないかを確認しましょう。

家でできる
机 いす
チェックリスト
1 2 7 10
に有効

いすに浅く座って背筋を伸ばし、両足を床につけて座ります

NG
深く腰かけて背もたれに寄りかかり、足を床につけずに座っています

輪ゴムストッパー ★

正しい持ち方、姿勢をうながす

鉛筆の先端持ちは書きにくくなりますので、防止のために鉛筆の円すい部に輪ゴムを巻きつけます。手が先端部に近づくのを防止します。

家でできる
輪ゴム 鉛筆
チェックリスト
4 に有効

鉛筆に輪ゴムをつけたり、目印をつけたりします

グー・パー

★

指の力をやしなう

両手でグー・パーと、指を握ったり、開いたりします。

家でできる

チェックリスト
3 5 6 に有効

パーのときは、指をしっかり開きます

頭たたき体操

★

家でできる

鉛筆

チェックリスト
5 8 9 に有効

親指の操作力をやしなう

親指をあて、鉛筆の先端部を押し込みます。親指の指腹の部分の感覚と力の入れ方を学びます。

鉛筆の先端を親指で押し込みます

クロス母指対策

★★

正しい持ち方を学ぶ

親指と人さし指をピタっとつけるのが、正しい鉛筆の持ち方です。この形で書く練習をします。

家でできる
鉛筆
チェックリスト
5 8 9
に有効

親指の先と人さし指の先をくっつけて持ちます

鉛筆コロコロ体操

★★

家でできる
鉛筆
チェックリスト
5 8 9 に有効

親指の力をやしなう

鉛筆を親指と人さし指でつまんで、落とさないように転がします。

親指、人さし指ともに、指紋部にあてて、大きく動かしましょう

鉛筆を横に持って行うのも効果的です

鉛筆クルクル体操

★★

家でできる
鉛筆
チェックリスト
5 8 9 に有効

指先の操作力をやしなう

鉛筆の芯の側を親指と人さし指でつまみ、反対側の端を手のひらにあててクルクル回します。

親指と人差し指だけでクルクル回します

Oリング体操

★★

指先の操作力をやしなう

親指と人さし指で、O字リングをつくります。めがねに見立ててのぞきこんでみましょう。

家でできる
鉛筆
チェックリスト
5 8 9 に有効

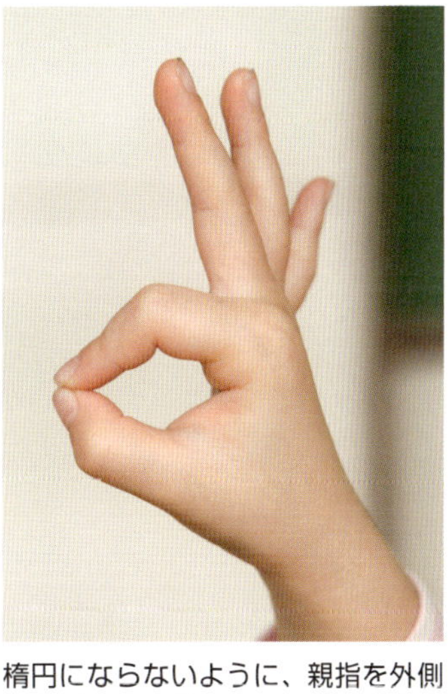

楕円にならないように、親指を外側に広げます。幼児であれば、多少、完全な円でなくてもOKです

円がつぶれています

ひねる（P42参照）

★★

家でできる
菓子類の包み紙
チェックリスト
5 8 9 に有効

ビッグサークル

★★

指先・体幹・腕の力をやしなう

大きな紙を用意し、片手で紙をしっかり押さえてクレヨンで大きな円を描きます。子どものレベルに合わせて、サポートしてあげましょう。

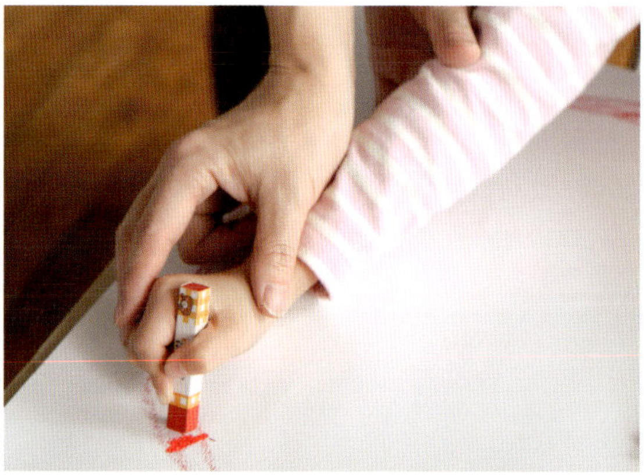

上手に円を描けない場合は、親指を手首にそえて支えます

家でできる

クレヨン

大きめの紙

チェックリスト
1 2 5 6 9
に有効

なれてきたら、円からはみ出ないように、いろいろな色のクレヨンで色をつけます

8の字を描いてもよいでしょう

ブロッククレヨンの活用

★★

握る力、手首の力をやしなう

ブロッククレヨンを握り、手のひら全体を使って、紙になぐり描きします。

家でできる

ブロッククレヨン

大きめの紙

チェックリスト
3 5 6 8
に有効

上手にできないときはクレヨンを握っている手をおおうようにして誘導します

バランスボールの活用（P34参照）

★★★

家でできる

チェックリスト
1 2 に有効

正しい姿勢をうながす

両手こすり体操 ★

触覚過敏をやわらげる

過敏がある場合は、直接鉛筆を握る前に、両手をこすり合わせて、過敏をやわらげましょう。

家でできる

チェックリスト ３ ５ ６ に有効

手をこすり合わせてから鉛筆を持ちます

• before & after •

正しい姿勢で鉛筆を持って文字を書くことができるようになります。

before

クロス母指で鉛筆を持っています

after

親指と人さし指の先端をつけて、鉛筆が持てています

書く（描く）のが苦手な子への
サポートのコツ

指先だけではなく、体幹が使えているかを確認する

鉛筆を持っている指先だけを見てはいけません。姿勢をキープする役割の体幹もチェックします。

8 はさみで切るのが苦手

就学に向けて 小学校では図工や教科学習の一環で、はさみで切る作業が多くなります。ただ直線に切るのではなく形や線に合わせることが必要ですので、はさみの操作について確認しておきましょう。

1 苦手チェックリスト

こんな子いませんか？

1. 座る姿勢が崩れる（猫背、背もたれに寄りかかる）
2. はさみを使うとき、手首が垂れ下がっている
3. はさみで紙を連続して切れない
4. 紙の切れ目がギザギザになっている
5. 紙の面に対して、左右方向に切っている（横切りになる）
6. まっすぐに切れない
7. 紙を切るスピードが遅い
8. 正確に切れない（線からずれる、きれいに切れない）
9. はさみを落とす
10. 指を切りそうになる

2　動きの解説

はさみを机から浮かして、指で操作します。そのため、腕の保持力が求められます。また、線などを見る力、バランス感覚も必要になります。

[切るピラミッド構造]

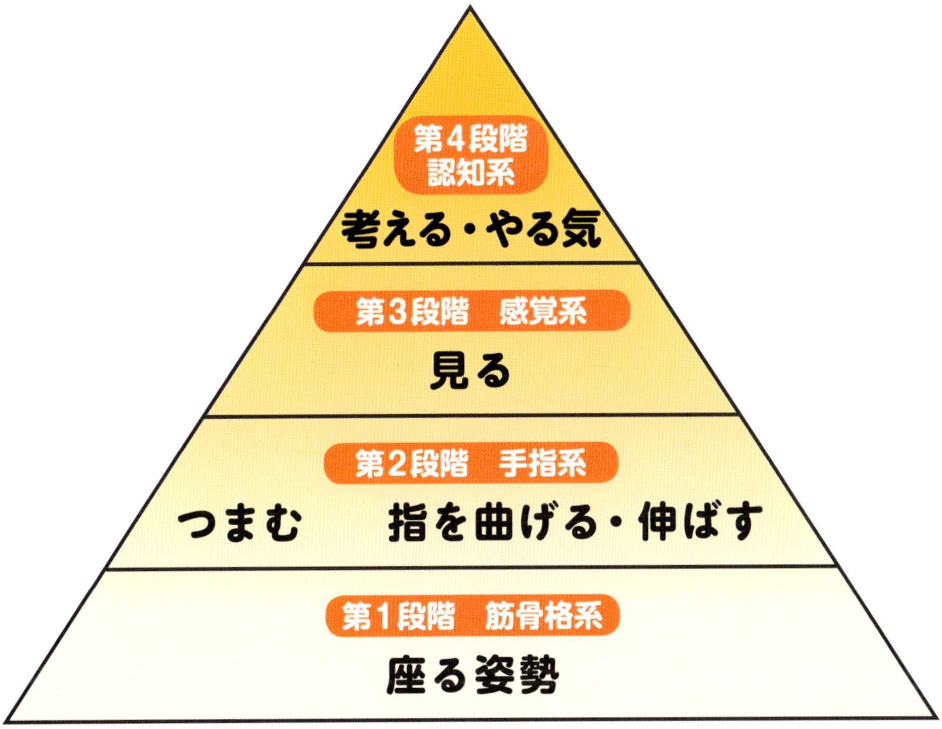

上手にはさみで切るためには、やる気や考える（第４段階）だけでなく、座りながら（第１段階）、紙や線を見て（第３段階）、はさみを持って紙を切る（第２段階）ことが必要です。

POINT!

- **腕の力ではさみを空中に保持する**
- **手首を使ってはさみを操作する**
- **線に沿って切るときには、見る力が必要**

→ **座っての作業となりますので、安定して座る姿勢が求められます。また、はさみを机から浮かして保持するため、腕の保持力が操作に影響します。さらに、手首の動き、線などにはさみを合わせる動きには見る力が必要です。**

3 指導アラカルト

姿勢チェック ★

正しい姿勢をやしなう

背筋を伸ばして姿勢を整えてから、はさみの操作に取りかかります。足は床につけましょう。

家でできる
机 いす
チェックリスト
1 に有効

浅く座って背筋を伸ばし、はさみを机から浮かせて紙を切っています

NG 背もたれに寄りかかり、はさみを体の近くで操作して、紙を切っています

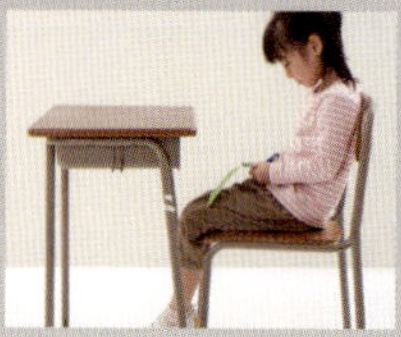

はさみ介助法 ★

はさみの使い方を学ぶ

自分の腕の重さに負けてはさみを保持できない場合には、ひじを机にのせて、はさみを垂直にして、手首と指をサポートしてあげながら、紙の切り方を練習します。

家でできる
机 いす
チェックリスト
1 に有効

一方の手でひじを支えます。もう一方の手で手首をサポートして、手首を立てるようにうながします

ワンカット法

★

指先の操作力をやしなう

１回で切れるように、紙のサイズを小さく（３センチ程度）します。１回で紙を切る練習を積み重ねて、手首や３本指の動かし方を学ばせましょう。子どもの上達に合わせて紙のサイズを大きくして、２回、３回と段階的に練習するとよいでしょう。連続して切る動作ができるようになります。

家でできる
机　いす
チェックリスト
2 3 4 5 6
7 10 に有効

大人が紙を持ってあげます。最初は前腕を机につけたまま切りましょう

次に、前腕を浮かせます

最後には１人で切ります

ブロック遊び

★★

手の操作力をやしなう

はさみのように指をそれぞれ動かすこと（分離的な動き）をうながすには、ブロック遊びがおすすめです。小さいブロックではなく、大きなブロックを使うとよいでしょう。

家でできる
ブロック
チェックリスト
2 3 9 に有効

はさみの持ち方を意識して組み立てます

輪ゴム鉄砲遊び

★★

指の分離的な動きをうながす

輪ゴムで鉄砲をつくります。輪ゴムを指につけるときは、はさみを持つときと同じように、曲げる指と伸ばす指にわかれます。標的を決めて打って遊ぶゲームをすれば、見る練習にもなります。

家でできる
輪ゴム
チェックリスト
2 3 4 5 8 9 に有効

ゲーム形式で遊ぶとよいでしょう

あやとり（P47参照）

★★★

指の曲げ伸ばしや分離的な動きをうながしたり、手首の力をやしなえます。

家でできる
あやとりのひも
チェックリスト
2 6 7 8 10 に有効

トレットペーパーの芯の活用

★

指先の操作力をやしなう

トレットペーパーの芯をはさみで切っていきます。はさみを上向きにして切る方法を学べます。または、紙を丸めてセロテープでとめて、筒状にしてから切る方法もあります。

はさみを立ててトイレットペーパーの芯を切ります

家でできる
トレットペーパーの芯
チェックリスト
2 3 5 に有効

はさみの自助具の作成

★

指先の操作力をやしなう

はさみのリングにティッシュを巻き、指とのすき間をなくします。手にフィットするので、安定感が増します。

３本指を入れるほうにティッシュを巻きます

家でできる
ティッシュ
チェックリスト
2 3 4 7
8 9 10 に有効

小さいはさみの活用

★

指先の操作力をやしなう

鼻毛はさみなどの、小さなはさみを用意します。リングが小さいので、子どもの指にフィットします。慣れてきたら、徐々に普通のサイズのはさみに変えましょう。

家でできる
紙
小さいはさみ
チェックリスト 2 3 4 7 8 9 10 に有効

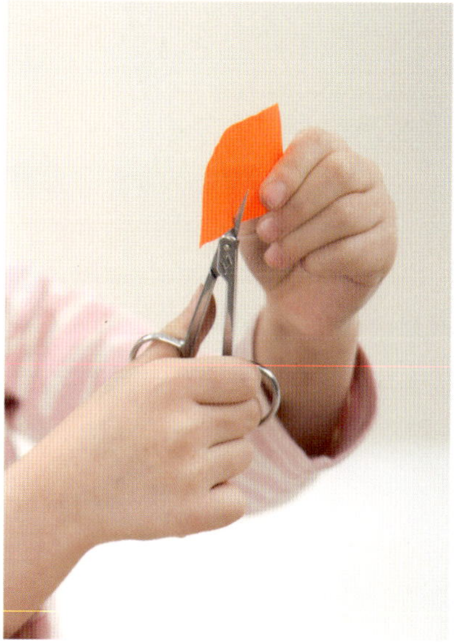

小さなはさみで紙を切ります

before & after

正しい持ち方ではさみを持ち、紙が切れるようになります。

before

腕を机につけたまま、手首を下げて切っています

after

腕を机から浮かせて、手首を立てて切れています

はさみを持つのが苦手な子への
サポートのコツ

手首が上手に使えていなければ、手をそえて手首を立ててあげる

はさみのリングに指先を入れて動かす動作には、手首が大きな役割を果たします。手首が使えていない場合は、サポートしてあげましょう。

第4章

その他の苦手

CONTENTS

1 階段が苦手

就学に向けて 小学校では、階段の昇り降りが多くなります。クラスのみんなとペースを合わせながら、なおかつ転倒しない階段の昇り降りの仕方を身につけましょう。

1 苦手チェックリスト

こんな子いませんか？

1. 段差をこわがる
2. 足を外側にまわして昇る・降りる
3. 一段一段、昇る・降りる（足を段差ごと交互に使えない）
4. 降りるのが上手にできない
5. 足元を上手に見ることができない
6. 段差の境界線がわからない
7. 壁や手すりにつかまって昇る・降りる
8. 足を踏み外して、落ちる・落ちそうになる
9. 靴が脱げる
10. はって昇ろうとする

2 動きの解説

階段の昇り降りは、脚の筋肉だけでなく、体幹の動きも重要となります。また、視覚、バランス感覚も必要になります。昇りは首を上方に動かし、降りに首を下方に動かします。特に降りでは、前に倒れないように、よりバランス感覚が必要になります。

[昇る／降りるの比較]

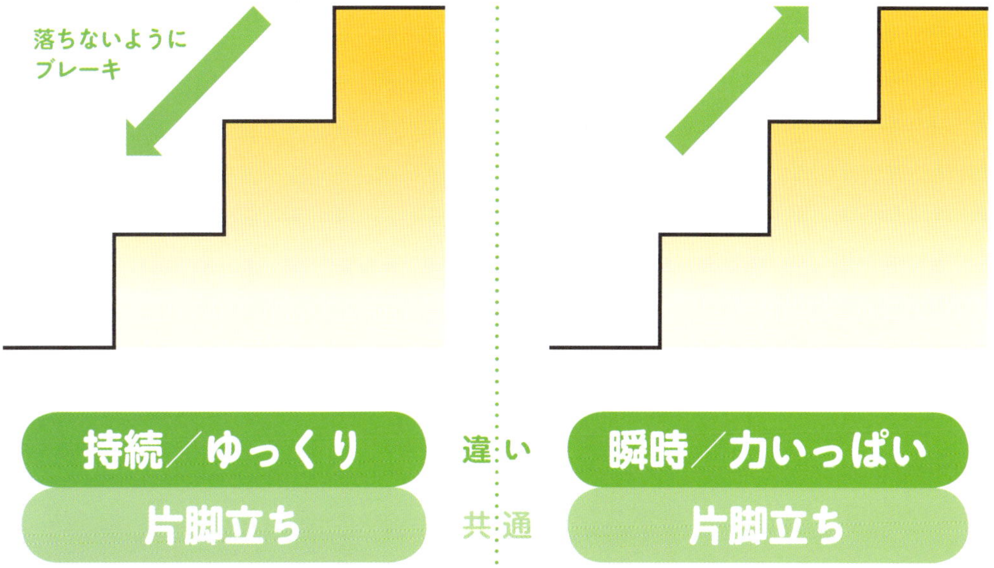

実際に階段を昇り降りするために、

- → 自分のペースでなく、人混みの中でできるかどうか（駅、デパート、園など）
- → 人や荷物にぶつかりそうなとき、よけられるか、向きを変えられるか
- → 人にぶつかったときに、バランスをとる能力は十分あるか

POINT!

- **! 昇るときは、前かがみでひざを高く**
- **! 降りるときは、片脚を上げ、ブレーキをかける**
- **! 段差などを見る力も重要**

→ 階段を昇るときは、前かがみになり、力を入れてひざを高く上げます。階段を降りるときは、片脚を上げ、落ちないように、ブレーキをかけながら降ります。また、段差、足と接地面との距離感、奥行きなどを見る力も必要になります。

3 指導アラカルト

踏台の活用 ★

足の力をやしなう

巧技台などを活用して、昇る、降りるの練習とジャンプの練習をします。

家でできる
巧技台
チェックリスト
1 4 5 に有効

すべり台の活用 ★★

昇り降りの仕方を学ぶ

すべり台の階段は、段差も狭く、手すりにつかまりやすくなっています。すべり台の階段で昇り降りをしてみましょう。

公園でできる
すべり台
チェックリスト
1 2 3 4 5
6 8 10 に有効

手すりにつかまって、昇ったり降りたりします

サポートの仕方 ★★

昇り降りの仕方を学ぶ

手すりをつかむとき、子どもの腕の位置が高すぎると、バランスを崩しやすくなるので注意しましょう。手すりを握る力が弱い場合には、手首をしっかり持ってあげると、安定感が増します。

屋外でできる
チェックリスト
1 2 3 4
5 6 8 10
に有効

スロープの活用 ★

足の振り出し方を学ぶ

近くに緩やかなスロープがあれば、ゆっくり往復してみましょう。

屋外でできる
チェックリスト
1 4 7 8 10
に有効

土や芝の上を歩く

★★

足の振り出し方を学ぶ

アスファルトではなく、土や芝のゆるやかな斜面を歩くのも有効です。芝がクッションの作用をし、足に負担がかかりません。

屋外でできる
チェックリスト
1 4 7 8
に有効

公共機関での練習

★★

階段の昇り降りを学ぶ

階段の昇り降りに慣れたら、実際にデパートやマンションの階段などで練習してみましょう。人とぶつかりそうなときに止まる、見ることが適切にできているか確認しながら、見守ってあげましょう。

屋外でできる
チェックリスト
1 3 4 7 8
に有効

靴のチェック（P82参照）

★

家でできる
靴
チェックリスト
9 に有効

◆ 階段のレベル表

昇り（自宅近辺、駅、園、その他：　　　）	降り（自宅近辺、駅、園、その他：　　　）
□ 自力困難（全部不可） □ 自力困難（１～２段程度可）	□ 自力困難（全部不可） □ 自力困難（１～２段程度可）
□ 介助すれば可（まだ不安定） □ 介助すれば可（ほぼ可）	□ 介助すれば可（まだ不安定） □ 介助すれば可（ほぼ可）
□ 手すり（要見守り） □ 手すり（ほぼ可）	□ 手すり（要見守り） □ 手すり（ほぼ可）
□ 自力可能 □ その他	□ 自力可能 □ その他

左のような表でどの程度可能かチェックしてみましょう。昇りが十分できないのに、降りをメインにした練習をするのは危険です。昇りを先、降りをあとに練習しましょう。

階段が苦手な子への
サポートのコツ

難しい「降りる」動きのときに手をサポート

階段の昇りができたからといって、降りが同じようにできるとは限りません。降りるほうが難しいので、手をサポートしてあげましょう。

2 ケガしやすい

就学に向けて 子どもたちが大勢自由に動き回る小学校では、バランス感覚に問題があるとケガをしやすくなります。

1 苦手チェックリスト

こんな子いませんか？

1. 猫背で歩いている
2. 平坦なところでもよく転ぶ
3. 歩くとき、パタパタと足音がする
4. 足を滑らせるように歩く
5. 歩くとき、顔を下に向けている
6. 靴がよく脱げる
7. 転倒のとき、手が出ない
8. 人や物にぶつかる
9. 顔や腕、脚にすり傷がある
10. 動いて危ないと思うが、急に止まれない

2　動きの解説

ケガをしやすいのは、注意だけの問題ではありません。転ばないためには、バランス感覚が十分に機能していなければなりません。体の位置情報をしっかりキャッチして、体の傾きを調整するバランス感覚が求められます。顔をぶつけないように手で支える動きも重要です。手、腕の筋肉を鍛えたからといって、転びそうになったときに手が自然に出るとは限りません。手がとっさに出る動きは、バランス感覚の働きと関係しているのです。
また、よく「踏んばる」と表現しますが、ぶつからないように動きを止めたり、方向を変えたりするためには、足首の動きも影響します。

［ケガの原因］

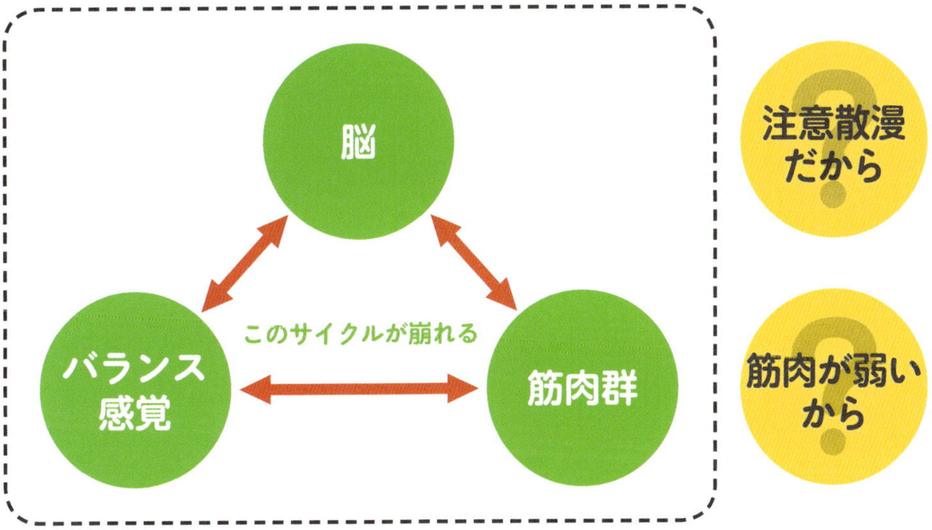

３つが一体となってはじめて機能する

POINT!

- **バランス感覚を働かせる**
- **体が倒れないように手の支えを使う**
- **足の踏んばりも重要**

→ 転びそうになったとき、筋肉だけで立て直すのではなく、傾きを認識するバランス感覚が果たす役割は大きくなります。転ばないように足を踏んばる力や、顔をぶつけないように手で支える動きも重要です。

3 指導アラカルト

線上歩行（P30参照） ★★

家でできる
チェックリスト
1 2 3 4 8
に有効

あぐら相撲 ★★

家でできる
チェックリスト
1 2 9 10
に有効

バランス感覚をやしなう

子どもは腕を組みながらあぐらで座ります。大人は子どもの前後左右から、ゆっくり倒そうとし、子どもは倒れないように踏ん張ります。

子どもは倒れないようにこらえます

押し相撲 ★★

足の力、バランス感覚をやしなう

２人で向かい合って立ち、お互いに両手で押し合います。先にバランスを崩したほうが負けです。足は動かさないようにします。

家でできる
チェックリスト
1 2 7 8
9 10 に有効

足は動かさず、両手を押したり引いたりして、相手のバランスを崩します

卵パック踏み（P81参照）

★★

家でできる
卵パック
チェックリスト
1 2 3 4 6 9 に有効

ブランコの活用（P104参照）

★★

公園でできる
ブランコ
チェックリスト
1 2 3 8 10
に有効

かかと歩き

★★

背筋の伸ばしをうながす

足底全体ではなく、かかとを床につけて歩きます。パタパタ音を立てて歩く場合の対策になります。

家でできる
チェックリスト
2 3 8
に有効

かかとをつけて歩きます

地面こすり運動（P109参照）

★

家でできる
チェックリスト
2 3 8 10
に有効

バランスボールの活用（P34参照）

★★★

家でできる
バランスボール
チェックリスト
1 2 3 5
7 9 に有効

靴のチェック（P82参照）

★

家でできる
靴
チェックリスト
2 3 4 6
に有効

• before & after •

転んだときに、とっさに体を支える体勢がとれるようになります。

before

手も足も出ず、棒立ちになっています

after

体を支えるために手が出ています

ケガをしやすい子への
サポートのコツ

転んだときに手を前に出す動きを確認

とっさのときに手が前に出るようにするには、バランス運動を取り入れて鍛えましょう。

第5章

遊び
アラカルト

CONTENTS

実施するにあたって

1. それぞれのプログラムは、3～5歳程度の子どもを対象としています。簡単で、飽きずに楽しめるプログラムになっています。3歳児のクラスで難しければ、無理に行わず、できるものだけ取り組んでください。

2. 正確にできること、完全にできることを意図したものではありません。就学までに備えておきたい体の動きの習得を目指して考案したプログラムです。設定された回数や時間などにこだわりすぎないように注意をしてください。

3. プログラムをどのような姿勢からスタートするのかも記載しています。

4. 1つのプログラムが終わったら、ほかのプログラムに移行してもかまいません。

5. プログラムの流れを矢印で示していますが、必ずしもこの順番で行う必要はありません。状況に合わせて順番を変えても、カットしてもかまいません。また、新たに追加してもよいでしょう。

6. 用意するものを記載しています。あくまでも目安ですので、集団の人数に合わせて個数を適宜調整してください。

7. 所要時間の目安も示しています。最初は、時間がかかる場合がありますが、慣れてくると短くなるでしょう。

8. 各章の苦手チェックリストと対応するようにしてあります。ただし、このプログラムを行ったからといって、すぐに苦手を克服できない場合もあります。

1 いすバージョン1

いすに座ったままできるプログラムです。腰の動き、脚の動きなどを通して、背筋を伸ばすことを学びます。上靴、靴下の着脱も含めていますので、状況にあわせて取り入れてみるとよいでしょう。

いす 5分	チェックリスト 切る(P136) 1　ブランコ(P104) 2　座る(P10) 1 4 5 6 7 8 10　風呂(P72) 1 靴(P78) 7 8　立つ(P16) 4　歩く(P22) 9　乗りもの (P98) 1 2 3　着替え(P56) 8 【３歳：「⑧アキレス腱こすり」やや困難 ／ ４歳：可能 ／ ５歳：可能】

1 いすに座って スタート

↓

2 腰まっすぐ

指示に従い、「腰をおこす」「腰を丸める」動きをする。
声かけ「気をつけ」「まっすぐ」「丸めて」

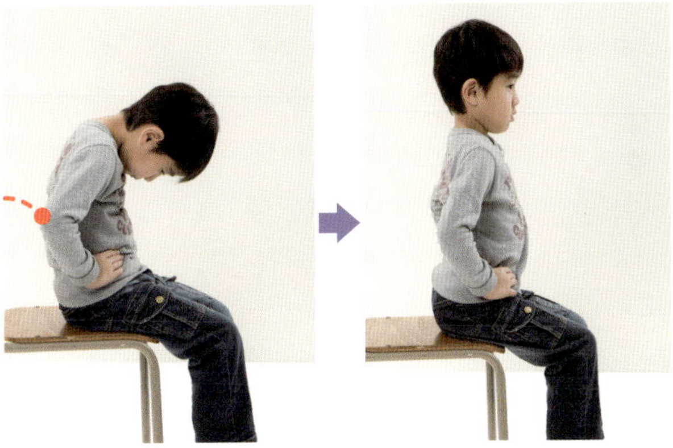

2 指示に合わせて、腰を曲げたり伸ばしたりします

↓

3 足バタバタ

座ったまま、歩くように脚を交互に上げる。
声かけ「右」「左」

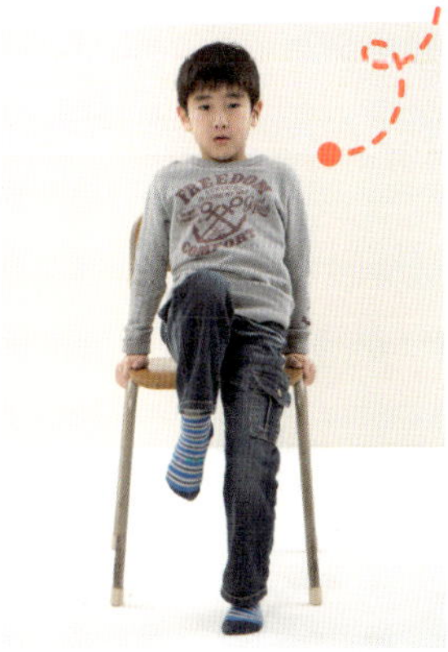

3 足を左右交互に上げ下げします

→

4 足浮かせ

座ったまま両脚を上げて浮かせ、5秒保持する。

→

5 座って上靴、靴下を脱ぐ

↓

6 足脚体操・内側こすり
→P15参照

座ったまま、足の内側をこする。
声かけ「もしもしカメよ、カメさんよ♪」

←

7 足脚体操・外側こすり

座ったまま、足の外側をこする。
声かけ「もしもしカメよ、カメさんよ♪」

↓

8 足脚体操・アキレス腱

座ったまま、アキレス腱をこする（できる子だけ）。
声かけ「もしもしカメよ、カメさんよ♪」

→

9 立ったまま上靴、靴下を履く。できない子は座ってもよい

2 いすバージョン2

触覚が過敏な場合の対策と指先の動きに加え、口の動きのプログラムも盛り込まれています。リング・メガネでは、左右の手をガチャンと合わせてメガネをつくりますが、上手にできない場合は、見本をみせてあげます。模倣能力の有無を観察できます。

いす
ティッシュ
5分

チェックリスト
書く(P128) 3　整容(P84) 9 10　プール(P122) 1 2 10　風呂(P72) 7　切る(P136) 2 9
ブランコ(P104) 4　指先(P36) 1 2 3 4 5 6 7 8 9 10　着替え(P56) 1　食事(P50) 8
【3歳：可能 ／ 4歳：可能 ／ 5歳：可能】

1 いすに座ってスタート

→

2 両手こすり

指をしっかり伸ばして、手のひらと手の甲をこする。

→

3 口の体操

唇を突き出す、閉じるを5回繰り返す。

3 唇をすぼめるように突き出したあと、閉じます

4 ティッシュ吹き
→P63参照

ティッシュを両手でつまみ、息を吹きかけて動かす。5回繰り返す。

←

5 グー・パー
→P131参照

しっかり握る、しっかり開くを繰り返す。開いたときには、手首をそらす。

↓

6 5本指・開閉体操

5本の指の間をしっかり開いたり、閉じたりする。
声かけ「窓を開こう」「窓を閉じよう」

→

7 Oリング体操
→P133参照

OKサインのように、親指と人さし指でリングをつくる。

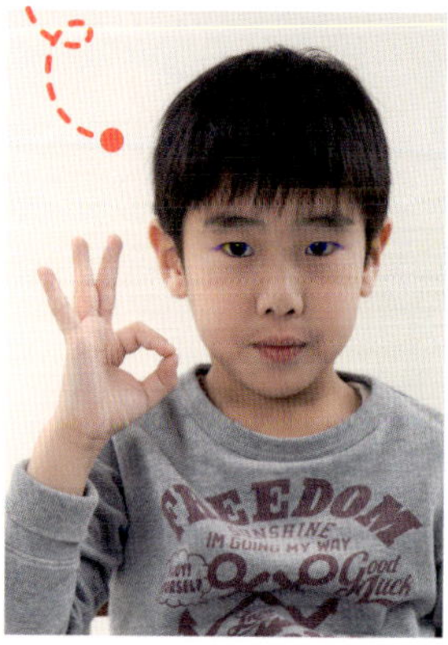

7 中指、薬指、小指はしっかり伸ばします

→

8 リング・メガネ

両手でリングをつくり、メガネに見立てて目にあてる。

3 いすバージョン3

親指、手首を使うプログラムと、鉛筆の持ち方につながるプログラムが盛り込まれています。鉛筆は短すぎないものを用意しましょう。「バイク」では、3、4歳児の場合、左右両方の手が動いても構いません。

いす 色鉛筆(鉛筆) 5分	チェックリスト 書く(P128) 3　整容(P84) 1 2 4 5 9 10　見る(P44) 9 切る(P136) 9 【３歳：「⑧頭たたき体操」やや困難 ／ ４歳：「頭たたき体操」やや困難 ／ ５歳：可能】

1 いすに座ってスタート

→

2 両手こすり

指をしっかり伸ばして、手のひらと手の甲をこする。

→

3 親指グー

手を握って、親指の曲げ伸ばしを5回繰り返す。

↓

4 バイク体操
→P75参照

親指を伸ばし、片方の手で握る。左右5回ずつ行う。

←

5 手パタパタ

水をかけるように、手首を上下に動かす。
声かけ「バックオーライ!」

↓

6 鉛筆コロコロ体操
→P132参照

鉛筆を落とさないように転がす。

↓

7 鉛筆クルクル体操
→P133参照

親指と人さし指で鉛筆を持ち、クルクル回す。

↓

8 頭たたき体操
→P131参照

鉛筆の頭を親指でギュッと押して引っ込める。

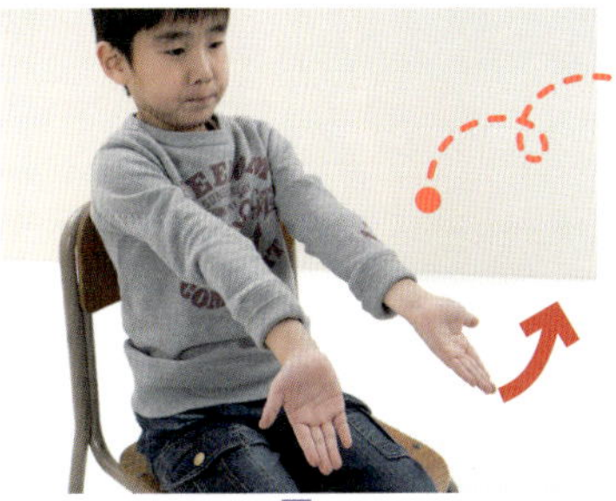

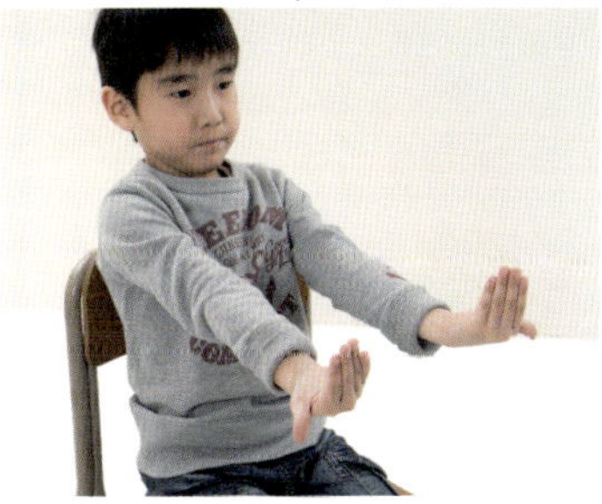

5 手首をきちんとそるようにうながしましょう

7 鉛筆を落とさないように、2本指で動かします

4 立つバージョン

その場で立ったままで、道具を使わずにできるプログラムになっています。シンプルな遊びに見えますが、徐々に難易度が上がります。円陣になって行うとよいでしょう。

10分

チェックリスト
階段(P144) 7 10　靴(P78) 1 2 4 5 10　プール(P122) 6 9　ブランコ(P104) 6
ボールとる(P110) 1 4　乗りもの(P98) 1 2 3　立つ(P16) 1 2 6 8
ボールキック(P116) 1 2　着替え(P56) 8
【3歳：可能 ／ 4歳：可能 ／ 5歳：可能】

1 素足で立ってスタート

→

2 腰まっすぐ

指示に従い、「腰をおこす」「腰を丸める」動きをする。

↓

3 足ツイスト

両足をそろえて、左右に体を動かす。

3 かかとを支点にして、体を左右に動かしましょう

↓

4 つま先立ち

つま先立ちを5秒続ける。
声かけ「背伸びするよ」

↓

5 かたと立ち

つま先をあげて、かかとだけで5秒立ち続ける。
声かけ「ペンギンになるよ」

→

6 片足立ち

左足を上げた姿勢を5秒続ける。
右足も同様に。

→

7 天井体操
→P19参照

両手を伸ばして真上を見る。手首はそらす。
声かけ「天井を見て」

↓

8 足脚体操・内側こすり
→P15参照

座ったまま、足の内側をこする。
声かけ「もしもしカメよ、カメさんよ♪」

←

9 足脚体操・外側こすり

座ったまま、足の外側をこする。
声かけ「もしもしカメよ、カメさんよ♪」

←

10 立ったまま
上靴、靴下を履く。
できない子は
座ってもよい

5 床バージョン1

「乗りものになろう」というテーマで、乗りものの形態をまねることで、いろいろな動きを学びます。運動の名前を子どもたちに考えてもらうと、楽しくコミュニケーションがとれるでしょう。

10分

チェックリスト
プール(P122) 3 5 8　ブランコ(P104) 1 8 10　ケガ(P148) 7 9　階段(P144) 1 2 3 10
食事(P50) 1 2　バランス(P28) 1 2 3 4　乗りもの(P98) 4 8　かけっこ(P92) 4 5

【3歳：可能 ／ 4歳：可能 ／ 5歳：可能】

1
床に寝てスタート

→

2 床ヒコーキ
→P125参照
腹ばいで飛行機になり、腕と脚を上げて5秒保持する。

→

3 横転
床をゴロゴロ、2回転したあと、あお向けでたまご姿勢になって5秒静止する。
通称:ローラー車

→

4 体育座り歩き
体育座りの姿勢で、10秒前進する。
通称:ブルドーザー

4 体育座りで、両足とお尻をずらしながら進みます

→

5 はう
腹ばいで、腕を交互に動かして前進する。
通称:潜水艦

→

6 四つばい①
前を見て、頭をあげてハイハイをしながら前進。
通称:タクシー

→

7 四つばい②
片腕を上げて前進。
通称:パワーショベル

7 片手は床につき、片腕を上げて進みます

→

8 高ばい
ひざを床から離して前進する。
通称:バス

→

9 ひざ立ち
両ひざをつけて腕を上げて前進する。
通称:クレーン車

9 腕は床につけず、片腕を高く上げて進みます

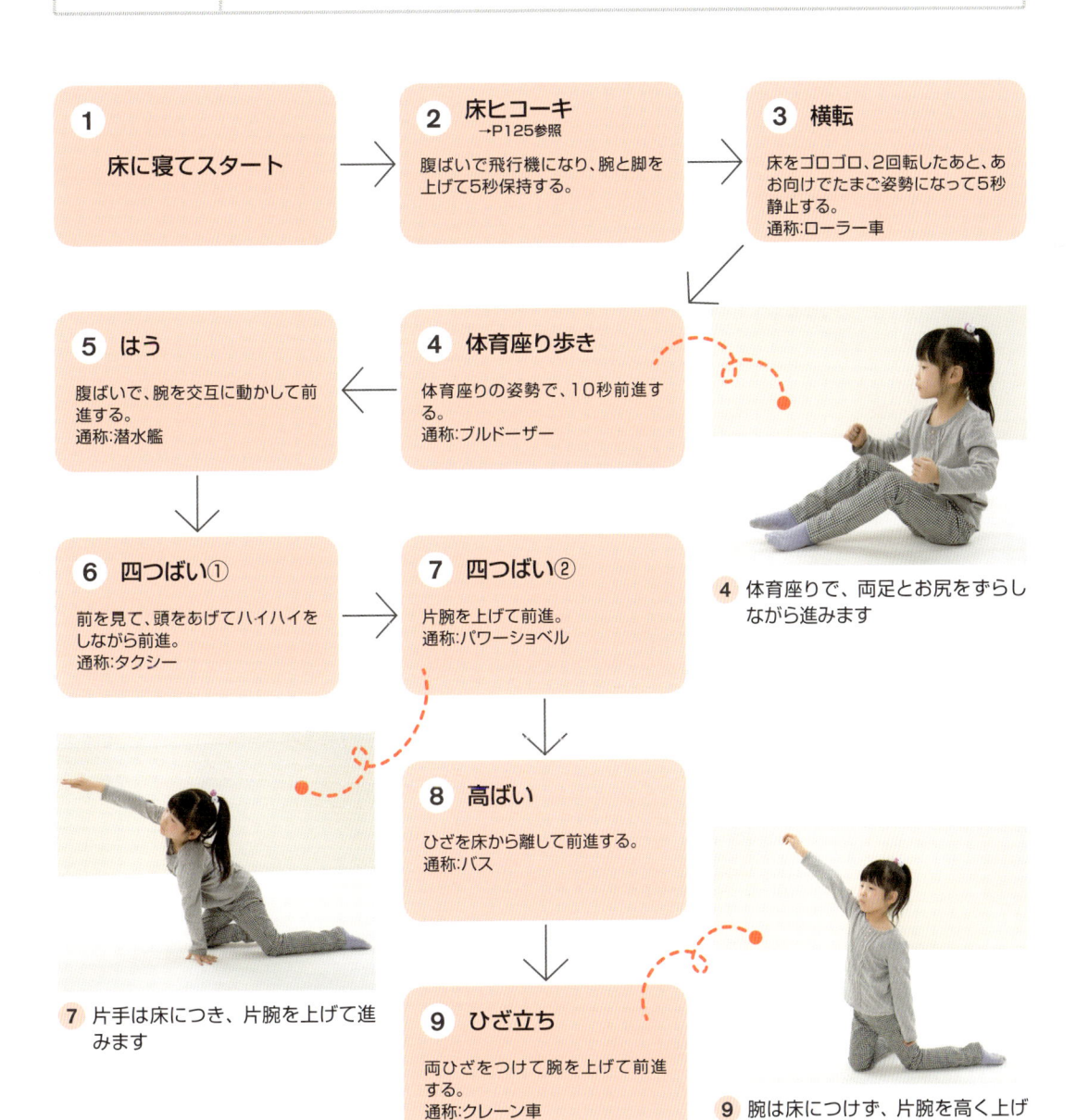

6 床バージョン2

床に寝ての呼吸体操から始まり、あぐら座り、肩の運動、体幹の運動と進めます。プログラムの最後には、立位で行うダンスプログラムが盛り込まれています。

10分	チェックリスト 座る(P10) 9　立つ(P16) 3 5 7 9 10　バランス(P28) 3 4 7 10　食事(P50) 1 2 階段(P144) 1 4　プール(P122) 3 6 7 8　ブランコ(P104) 2　風呂(P72) 9 着替え(P56) 1　歩く(P22) 4　かけっこ(P92) 1 【3歳：可能 ／ 4歳：可能 ／ 5歳：可能】

1 床に寝てスタート

→

2 呼吸体操

あお向けでおなかに手を当て、ツーツーとゆっくり息を吐く。次にアーアーと声を出す。

→

3 横転
→P31参照

床で左右2回転がる。声かけ「おいもゴロゴロ」

↓

4 手つき片足ケンケン

高ばい姿勢をとる。両手は床につけて片足を上げ、ケンケン。

←

5 あぐら座り
→P14参照

股関節をしっかり広げ、背筋を伸ばす。割り座になっていないかチェックする。

←

6 ひじ合体体操
→P20参照

ひじを曲げ、手を軽く肩につける。左右のひじを体の中心でつけたり、離したりする。

↓

7 体ひねり体操

起立して腕を水平にし、手をひじに当てて左右に10回ひねる。

→

8 腕振りダンス
→P27参照

ひじを曲げ、足を動かさずに体幹を左右にひねる。

4 両手を床について、片足を大きくあげてケンケンします。

7 腕をなるべく水平にして体をひねります

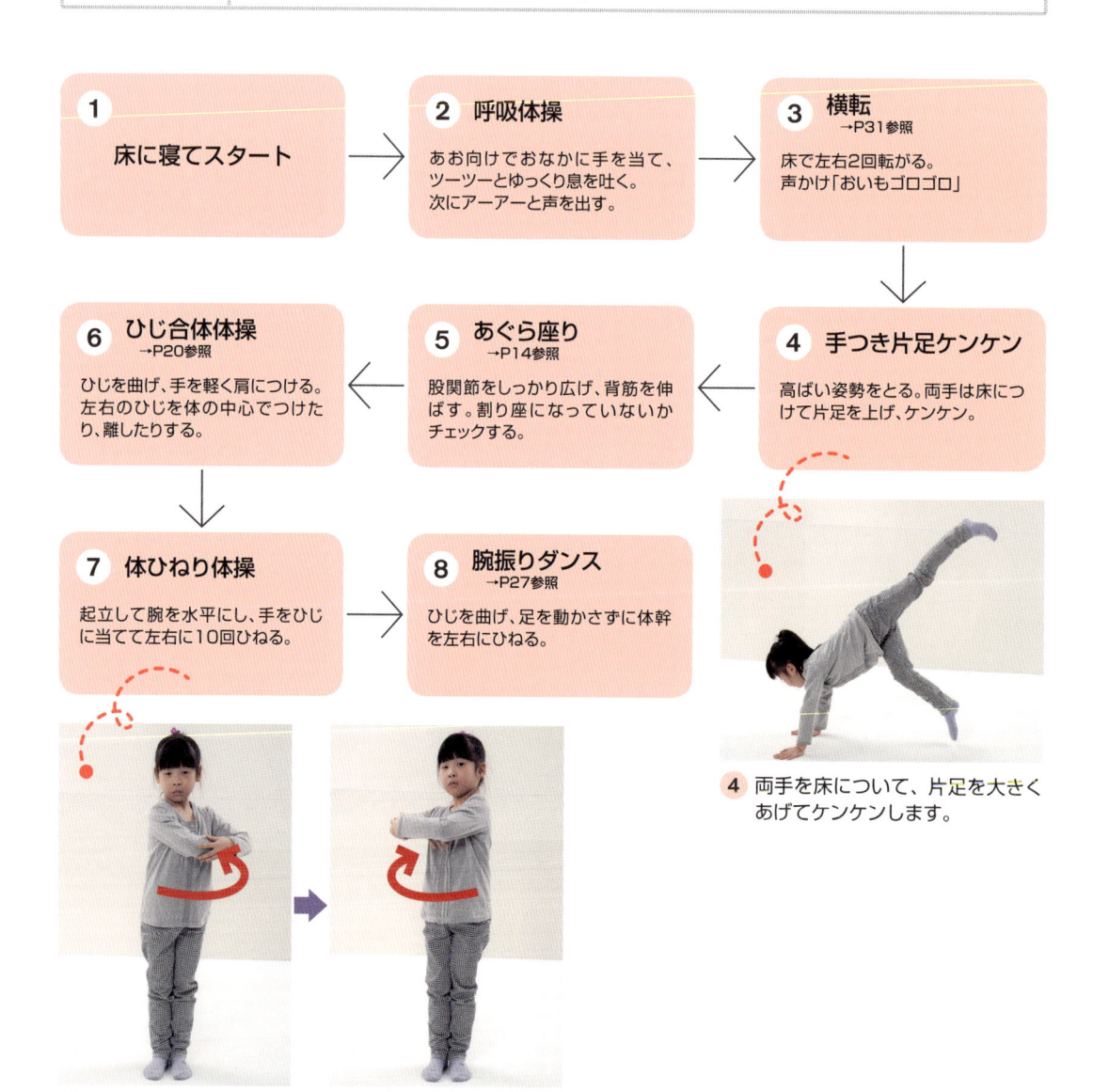

7 歩く・走るバージョン1

円陣になります。運動によって何周歩くか目安が明記されていますが、大人が適宜「パン」と手を叩いて次の課題に移ってもよいでしょう。脚や手も使い、スピードの変化やリズム、テンポの動きも取り入れながら、緩急の動きを学べます。

10分	チェックリスト 歩く(P22) 1 2 3 5 8 10　かけっこ(P92) 3 6 7　ケガ(P148) 2 3 4 6 靴(P78) 1 2　階段(P144) 4 5 9　ボールキック(P116) 4 7　ボールとる(P110) 4 プール(P122) 6 【３歳：可能　／　４歳：可能　／　５歳：可能】

1 立ってスタート

2 歩く／走る

背中を伸ばしてひざを高く上げ、ゆっくり2周歩く／走る。次にスキップとギャロップで2周する。

3 かかと歩き
→P20参照

かかと立ちして、ゆっくり2周歩く。
声かけ「ペンギンになって」

4 糸巻き歩き

歌いながら1周歩く。
声かけ「糸巻き巻き、糸巻き巻き♪」

5 忍者歩き
→P25参照

つま先から床につけるように、静かにゆっくり1周歩く。

6 手合わせ歩き

手のひらを体の真ん中で合わせる。両手を押し合いながらまっすぐ1周歩く。

7 後ろ手組み歩き
→P24参照

手を後ろに組む。下を見ないように正面を向いて1周歩く。

6 両手のひらを合わせてギュッと力を入れて歩きます

4 糸を巻くように手を動かします

8 歩く・走るバージョン2

円陣になります。単に歩く、走るだけでなく、見る力もやしなえるようにしています。運動を電車の動きなどに見立てて、名前を子どもたちに考えてもらうと、楽しいコミュニケーションになるでしょう。

リング　タオル
10分

チェックリスト
かけっこ(P92) 2 8 9 10　バランス(P28) 1 2 4 5　乗りもの(P98) 7 10　見る(P44) 5
ケガ(P148) 2 8 10　階段(P144) 5 6　歩く(P22) 6 7 10　着替え(P56) 3
切る(P136) 2 5

【３歳：「⑨貨物歩き」やや困難 ／ ４歳：可能 ／ ５歳：可能】

1 立ってスタート

→

2 リング歩き／走り

リングを持ってのぞきながらゆっくり1周歩く。

↓

3 線路歩き

かかととつま先をつけて、ゆっくり1周歩く。
声かけ「線路をつくろう」

3 機関車の車輪のように腕を回して歩きます

←

4 電車歩き／走り

特急、急行、停車とスピードを変えて、3周歩いたり走ったりする。

↓

5 電線歩き

両手を組んで、ひじを伸ばして腕を上方に伸ばす。腕を保持したまま1周歩く。

→

6 連結歩き

両手を合わせ、前の人の背中とこぶし1個分あけて1周歩く。

→

7 後ろ歩き

何も持たずに、後ろ向きで1周歩く。

↓

8 ワイパー

隣の子とペアになり、片方の手は肩につかまり、もう片方の腕を振る。
声かけ「ワイパーだよ」

←

9 貨物歩き

両腕を前に伸ばし、タオルやボールを乗せて、落とさないように1周歩く。

9 タオルを両腕にかけて、ゆっくり歩きます

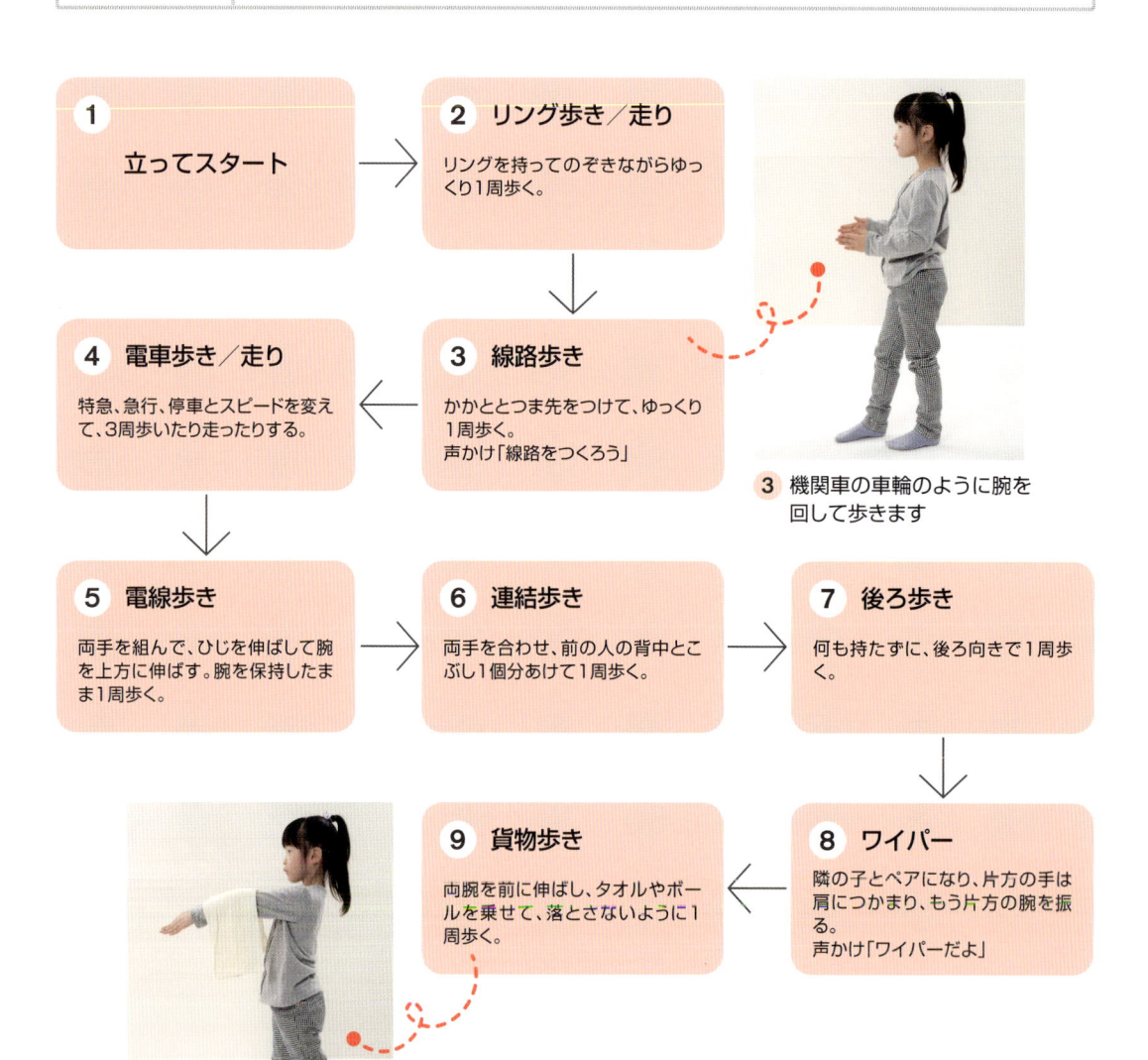

9 新聞紙バージョン1

「マイボールをつくろう」をテーマに、新聞紙をちぎり、丸めたりしていきます。テープを貼って、マイボールができたら終了してもよいでしょう。時間があれば、いすに座って、シールを貼ったり、クレヨンで模様を描いたりしてみましょう。

いす（人数分）　テーブル数台 新聞紙　セロテープ　シール　クレヨン 20分	チェックリスト 着替え（P56）4　トイレ（P66）5 8　見る（P44）2　風呂（P72）2 6 指先（P36）10　整容（P84）1 3 7 8　靴（P78）3 【3歳：「⑥テープ」困難 ／ 4歳：「⑥テープ」やや困難 ／ 5歳：可能】

1 立ってスタート

→

2 新聞紙ちぎり

新聞紙を、両腕を上げて細かく、ビリビリちぎる。

→

3 ばらまく

ちぎった紙を床から拾い、天井に向けてばらまく。

↓

4 集めて丸める

ちぎった紙をしゃがんで両手で集め、丸める。

←

5 包む

丸めた紙を別の新聞紙にのせて、包みながら丸める。

←

6 テープをとめる

包んだ新聞紙が広がらないように、テープで数か所とめ、ボールにする。

↓

7 別の部屋に移動

→

8 いすに座って テーブルに向かう

↓

9 シール・クレヨン

できたボールにクレヨンで模様をつけたり、シールを貼ったりする。
声かけ「マイボールのできあがり!」

4 しゃがんで、ちらばった新聞紙を集めて丸めます

9 丸めた新聞紙に、好きなようにシールを貼りましょう

10 新聞紙バージョン2

「マイボールで遊ぼう」をテーマに、手作りしたマイボールを使って、１人か２人で遊びます。最後にみんなで、鬼を倒す遊びに展開していきましょう。

段ボール数箱　鬼のお面
ペットボトル数本　ゴミ袋
20分

チェックリスト
トイレ(P66) 5 8　見る(P44) 2　ボール投げ(P110) 9 10
ボールとる(P110) 2 3 5 6 7 9 10　ボールキック(P116) 3 5 6 8 9 10

【３歳：「④下手投げのキャッチ」「⑤⑥鬼に投げる」困難 ／
４歳：「④下手投げのキャッチ」やや困難 ／ ５歳：可能】

1　新聞紙のマイボールを用意（新聞紙バージョン１でつくったもの）

→

2　頭上スロー

マイボールを両手で持って、天井に投げて両手でキャッチする。

→

3　2人でキャッチ①

隣に並んで、１人がボールを転がし、もう１人が取りに行く。

↓

4　2人でキャッチ②

向かい合って、下手投げをしてボールをキャッチする。

←

5　ボールあて①

壁の高いところに鬼のお面を貼り、みんなでボールをあてる。

5 高いところにある鬼の面を狙います

↓

6　ボールあて②

段ボールを2〜3個積んで、ペットボトルに鬼のお面を貼ったターゲットをのせる。みんなでボールをあてて崩す。

6 目標をめがけてボールを投げます

↓

7　ボールキック

床にボールを置いて、キックして段ボールを崩す。

11 新聞紙バージョン3

「マイボールでゲームしよう」をテーマに、指先を使うプログラムをはじめ、2つのグループに分かれててゲーム感覚で行うプログラムが展開できます。人数が多い場合には、3つのグループ分けるのもよいでしょう。

新聞紙　セロテープ
ゴミ袋　タオルケット
15分

チェックリスト
着替え(P56) 4　トイレ(P66) 5 8　見る(P44) 2 5 7 10
指先(P36) 7　バランス(P28) 1 2 5
【３歳：可能 ／ ４歳：可能 ／ ５歳：可能】

1 立ってスタート

→ **2 新聞紙ちぎり**
新聞紙を、両腕を上げて細かく、ビリビリちぎる。

→ **3 ばらまく**
ちぎった紙を床から拾い、天井に向けてばらまく。

→ **4 集める**
ちぎった紙をしゃがんで両手で集め、ゴミ袋に入れる。

→ **5 4、5歳児 タオルケット運び**
タオルケットを広げて袋をのせ、2人組で持ち上げて落とさないように運ぶ。

→ **5 3歳児 持ち上げる**
大きくふくらんだ袋を2人組で運ぶ。

4 こぼれないようにゴミ袋に入れます

5 タオルケットから落とさないように運びます

12 タオルバージョン

タオル1本で様々な遊びの展開が可能です。その一例として、たたむ、こする、結ぶ、ボール遊び、協力する遊び、競う遊びなどの集団プログラムが盛り込まれています。プログラムの内容が豊富なので、半分に分けてもよいでしょう。

タオル(人数分)
20分

チェックリスト
指先(P36) 7 10　見る(P44) 8 10　バランス(P28) 1 2 7 10　乗りもの(P98) 5 9
ブランコ(P104) 4 10　着替え(P56) 5 7　階段(P144) 5 8　ケガ(P148) 2 4 7
風呂(P72) 3 4 8　プール(P122) 1 10　整容(P84) 6 7　かけっこ(P92) 6

【3歳：「⑥玉結び」困難 ／ 4歳：可能 ／ 5歳：可能】

1 立ってスタート

→

2 頭のせ歩き
タオルを頭にのせ、落とさないようにゆっくり歩く。

→

3 タオルアイロン
タオルを半分にし、アイロンに見立てて折る。3歳児は床に置いて、4、5歳児は立ってやる。

↓

4 額のせ歩き
折ったタオルを額にのせ、落とさないようにゆっくり歩く。

←

5 タオル丸め
両手でタオルを丸めてボールをつくる。

←

6 玉結び
タオルを1回、しっかり結ぶ。3歳児には難しいので、パス。

6 結び目が玉のようになります

↘

7 なわとび
玉結びしたタオルをなわに見立てて、ジャンプしてまわす。

→

8 ヘリコプター
玉結びしたタオルを、腕をあげて頭上でグルグルまわす。

↓

9 玉結び投げ
玉結びしたタオルを、腕を振って投げる。

↓

10 タオル・ボール
玉結びした部分のすき間にタオルの端を入れ、ボールをつくる。

10 すき間にタオルを押し込みます

＊新聞紙バージョン2をタオルに変えると、タオルバージョン2になります。最後にタオルで引っ張るプログラム（→P62参照）を取り入れて、ゲーム性を盛り込んでいます。

13 フラループバージョン

園によくあるフラループを使います。ただ腰で回すだけでなく、バランス感覚、指先の操作力、見る力をやしなえるようにプログラムが構成されています。

フラループ(数本) 10分	チェックリスト 見る(P44) 5 7 9 10　バランス(P28) 1 2 5 7　かけっこ(P92) 2 6 10 ブランコ(P104) 4 6 8 10　乗りもの(P98) 2 3 5 9　指先(P36) 7 10　風呂(P72) 5 ボールキック(P116) 7 【3歳：可能 ／ 4歳：可能 ／ 5歳：可能】

1
立ってスタート

2 ループジャンプ①
床にループを置き、その中に入って、はみ出さないように5回ジャンプする。

3 ループジャンプ②
ループの中にジャンプして入り、次に外にジャンプして出る。これを5回繰り返す。

4 ループくぐり
ペアになり、ループを立ててぶつからないようにくぐる。

5 ループまわし①
ペアで向かい合って、両手でループを持ち時計回りにまわす。

6 ループまわし②
ペアでバンザイし、腕を保持したまま頭上でループをまわす。

7 ループインストップ
走ってループの中に跳び込み、はみ出さないように止まる。

6 両手でぐるぐるループを回します

4 立てたループをくぐります

14 ペアバージョン1

2人1組になってできる遊びで構成しました。相撲や引っ張るなどの競う運動、相手の動きに合わせながら協力して行う運動があります。勝ち負けにあまりこだわらないように配慮しましょう。

折り紙か厚紙(ペア分)
タオル(ペア分)
15分

チェックリスト
歩く(P22) 5　バランス(P28) 1 2 3 4 5 7 9 10　見る(P44) 5 7 8 9 10
プール(P122) 8　ブランコ(P104) 1 4 6 8 10　ボール投げ(P110) 9　立つ(P16) 1 2 6
乗りもの(P98) 4 5 9　着替え(P56) 4 5 7 9　トイレ(P66) 5 8　靴(P78) 3 6
指先(P36) 1 2 3 4 5 6 7 8 10　風呂(P72) 5　ボールキック(P116) 7
【3歳：可能 ／ 4歳：可能 ／ 5歳：可能】

1 立ってスタート

2 くぐる

1人は足を開いて立つ。もう1人は股の下をはって前進する。できたら交代。

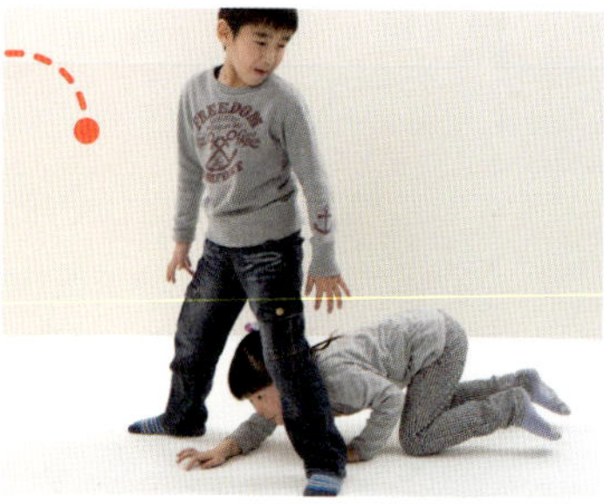

2 1人が、もう1人の股の下をくぐります

3 押し相撲

2人が向かい合って、足を動かさないで両手を押し合う。

4 折り紙相撲

2人が向かい合って、折り紙を親指の間にはさんで引っ張り合う。3回戦行う。

5 タオル引っ張り遊び

→P62参照

2つのタオルをクロスさせ、2人でひっぱり合う。

6 タオルジャンプ

隣のペアと一緒で2組で行う。タオルを張ってバーに見立て、1人ずつジャンプする。順次交代する。

6 張られたタオルを跳び越えます

7 タオルテント

隣のペアと一緒で2組で行う。2人でタオルを張って、1人が真下に寝そべる。順次交代する。

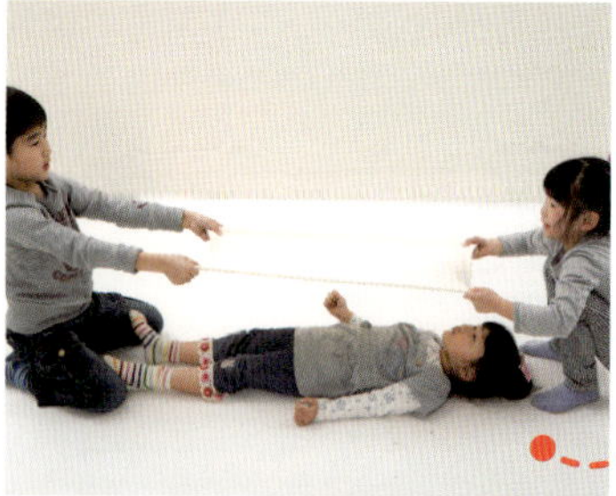

7 タオルでつくったテントの下にあお向けに寝そべりましょう

15 ペアバージョン2

相手を意識し、相手の動きに合わせながら、協力して行う運動で構成しています。

うちわ
フラループ(ペア分)
15分

チェックリスト
歩く(P22) 5　バランス(P28) 1 2 3 4 5 7 9　見る(P44) 5 7 8 9 10
プール(P122) 8　ボール投げ(P110) 9　立つ(P16) 1 2 6　乗りもの(P98) 4 5 9
食事(P50) 5 7　着替え(P56) 1 3 7　トイレ(P66) 8　指先(P36) 2 7 8 10
風呂(P72) 5

【３歳：やや困難 ／ ４歳：可能 ／ ５歳：可能】

1 立ってスタート

→

2 ループまわし①

ペアで向かい合って、両手でループを持ち時計回りにまわす。

→

3 ループまわし②
→P167参照

ペアでバンザイし、腕を保持したまま頭上でループをまわす。

↓

4 ループくぐり

ペアになり、ループをつくって、ぶつからないようにくぐる。できたら交代する。

←

5 振り向き目合わせ

横に並び、首を動かしてお互いの目を見るようにする。きちんと見ているか確認する。

↓

6 うちわパタパタ

うちわを持って、パタパタと風を送って風船を向こう側まで運ぶ。

→

7 タオルテント
→P168参照

隣のペアと一緒で2組で行う。2人でタオルを張って、1人が真下に寝そべる。順次交代する。

6 風を送って風船を移動させます

16 砂場バージョン

「バースデーケーキをつくろう」というテーマで、料理ごっこを盛り込んだプログラムです。砂場の外のエリアも活用しましょう。地面に絵を描いたり、足でこすったりします。道具だけで遊ぶのではなく、素手で砂をさわる機会を意識して設定しましょう。

スプーン　ペットボトル
バケツ　コップ
砂場おもちゃ一式
15〜20分

チェックリスト
ブランコ(P104) 6　書く(P128) 3 7　食事(P50) 2 3 4 5 6 7
トイレ(P66) 5 7 8　整容(P84) 1 8 9　着替え(P56) 3 4 5 7 8 9 10
靴(P78) 3 7 8 9
【3歳：可能 ／ 4歳：可能 ／ 5歳：可能】

1 地面書き
砂場の外で、トングを使って小枝を拾う。次に立ってツイスト。その後、しゃがんで小枝で地面に名前を書く。

→

2 砂場で、靴と靴下を脱いで素足になる。

↓

3 スプーン
スプーンで砂をすくい、カップに砂を入れる。ひっくり返してケーキをつくる。

3 水入れ
ペットボトルに水を入れて振る。ふたを開け、砂に水を加える。

3 泥だんご
湿った砂を両手で丸める。

3 おわん
泥だんごをおわんに入れ、立って運ぶ。

3 葉っぱ
葉っぱや花を摘み、バケツに入れてかきまぜる。

↓

4 型どり
スプーンですくい、カップに入れて型をとる。食べるまねをする。

3 砂をケーキの材料に見立てて行いましょう

3 崩れないように泥をしっかり丸めます

17 描きバージョン

描く前に座りの姿勢をセットしましょう。書字にむけた準備のプログラムです。指先を使ういろいろな動きが盛り込まれています。5歳児は、なぐり描きだけでなく、例えば、くだものの絵を描き、折り紙をちぎって貼り絵のように貼っていくものもよいでしょう。

いす（人数分）　テーブル　模造紙（3～4枚）
シール（10枚）　スタンプ（10個）
折り紙（50枚）　はさみ（5～7本）
20分

チェックリスト
座る（P10） 2 3　見る（P44） 1 3 4 6
書く（P128） 1 2 5 7 8 9 10　切る（P136） 1 3 4 6 7 8 10

【３歳：可能 ／ ４歳：可能 ／ ５歳：可能】

1 座ってスタート

→

2 座りチェック

腰が起きているか、足が床についているか確認する。

→

3 ビッグサークル
→P134参照

大きめの画用紙にクレヨンで大きな円を描く。3周させる。先端持ちになっていないかチェックする。

↓

4 シール、スタンプ

線の上にシールを貼ったり、スタンプを押したりする。できたらその数を数える。

4 画用紙に引いた線の上に、はみ出さないようにシールを貼ります

←

5 なぐり描き

円の中を自由になぐり描きする。先端持ちになっていないかチェックする。

↓

6 折り紙ちぎり

好きな色の折り紙を選び、ちぎってのりをつけて貼る。

6 折り紙を好きな大きさにちぎって、円の中に貼ります

→

7 折り紙折り、切り

好きな色の折り紙を選び、折って１回切りをする。

↓

8 折り紙切り、貼り

折り紙をはさみで縦に切って、のりで貼る。

18 水遊びバージョン

泳がせるのではなく、水に親しむ感覚を取りいれたプログラムが展開できます。バランス感覚だけでなく、指先の操作をやしなうことも目指します。

スーパーボール等の小物(30個)　ペットボトル(3~4個)
ジョーロ(3~4個)　コップ(10個)
シャボン玉セット(3セット)
20分

チェックリスト
プール(P122) 1 2 3 4 8 9 10　見る(P44) 2 4 7 10
指先(P36) 7 10　食事(P50) 3 4 7 9 10　整容(P84) 2
【3歳：可能 ／ 4歳：可能 ／ 5歳：可能】

1 立ってスタート

→

2 顔手足こすり

入水前には、両手や顔、足をこする。

→

3 腕、脚、顔に水をかける

水への抵抗を減らす。

↓

4 水すくい

両手で水をすい、顔や首に水をつける。

4 宝ひろい

スーパーボールなどの小物をプールに沈め、拾う。洗面器を使ってもよい。

4 水かけ

洗面器に水をかけて、水をためる。たまったら水を捨てる。

4 ペットボトル振り
→P39参照

中に水を入れて振る。水を出す。

4 コップ水移し

左右の手にコップを持ち、水を移し替える。

4 ジョーロかけ
→P77参照

ジョーロでシャワー遊び。腕でしっかり保持する。

↓

5 シャボン玉

プールサイドで吹いて遊ぶ。シャボン玉を見て数える。

4 コップの水をこぼさないように移し替えます

5 シャボン玉を目で追って数えてみましょう

19 サーキットバージョン

複数の道具を組み合わせたサーキットです。３人、４人同時でもできます。紙袋は破けるおそれがあるので、ガムテープを貼るなどして、破けないようにします。ケガに注意しましょう。

はらまき　台(またはいす)
ハンカチ　紙袋
15分

チェックリスト
着替え(P56) 2 6 10　トイレ(P66) 1 2 3 4 6 9 10
見る(P44) 7 10　ボール投げ(P110) 7 10
【３歳：可能　／　４歳：可能　／　５歳：可能】

1 立ってスタート

→

2 はらまき片足通し

床に座り、片足をあげてはらまきを通す。もう片方も同様に。

→

3 はらまき歩き
→P68参照

はらまきを足首に巻いて歩く。できたらジャンプしてみる。

↓

4 台のり／おり

足首を床につけたまま、台に座る。腹ばいになり、脚バタバタを10回やり、終わったらおりる。

←

5 はらまき回し

立っておなかまではらまきを引っ張り、1周させる。左右ともにまわす。

←

6 ハンカチ入れ

ハンカチを半分に折って、はらまきの前面部に入れる。できたら背中側でもやる。

6 折ったハンカチをはらまきとおなかの間に入れます

↘

7 はらまき通し

はらまきを上にあげて頭からとる。

↓

8 はらまき投げ

丸めて、紙袋めがけて転がす。または投げる。

8 少し離れた位置にある紙袋に、丸めたはらまきを投げましょう

↓

9 はらまきかぶり

はらまきを袋から取り出し、頭からかぶる。

→

10 紙袋ジャンプ
→P68参照

紙袋の中に入って、取っ手を握ってジャンプして進む。

COLUMN 2

園で習慣化できる取り組み

園では、ルーチン化された習慣があります。その習慣行動を、体づくりの視点から職員が連携し意識して働きかけることで、体づくりに取り組むことができます。以下に、園で見られる、具体的な場面を紹介します。

昇降口での靴の出し入れ

→片方の手だけで2つの靴を持つようにうながす。左右とも行う。

テーブルをふくとき

→適当にふかず、ふきんを手のひらサイズに調節し、前後方向にふくようにうながす。

手をふくとき

→ペーパータオルで手をふいてる場合、ふいたあとは、しっかり丸めてから、ごみ箱に捨てる。

いすを運ぶとき

→床に押しつけて運ばず、両手で持ち上げて、運ぶようにうながす。

床に寝ている場合

→床に腹ばいになって遊んでいたり、本を見ている場合は、あぐら座りや長座をしたり、いすに座ったりするように変えていく。

床に座っている場合

→割り座にならないように、あぐら座りや長座をしたり、いすに座ったりするように変えていく。特に、年長児はいす生活を習慣化していくように働きかける。

いすに座るとき

→腰が丸まらないように腰セット、足がブラブラしないように足セットする。年長児は、いすに座る習慣を長くしていく。

上靴を履くとき

→保育園では、上靴を習慣は少ないかもしれません。年長児童は、就学に備えて、上靴を履いたり脱いだりする機会をつくり、習慣を身につけさせる。

トレーやおぼんを運ぶとき

→おなかにつけて運ぶのではなく、両腕と手の力で運ぶようにうながす。

おやつの時間

→お菓子の包み紙がでたら、そのまま捨てるのではなく、包み紙をひねりながら捨てるようにうながす。

水やり

→観葉植物、菜園などに水をあげるときは、ジョーロ、ペットボトルをしっかり握り、腕を保持するようにうながす。

おわりに

子どもの基本の動き、セルフケアの動き、遊びの動き、その他の動きについて、動きのメカニズムと、そのサポート法について解説してきました。

近年、幼稚園・保育園と小学校の連携の必要性が叫ばれています。「小一《しょういち》プロブレム」と言われているように、小学校に入って、座れない、鉛筆で書けない、すぐケガをするなど、体ができていない子どもを多く見かけます。小学校に入ってから体をつくるのではありません。就学前の時期だからそこできる体づくりがあります。本書では、体づくりへの具体的な関わり方をわかりやすく紹介してきました。いかがでしたでしょうか。最後まで、読んでいただき、まことにありがとうございました。

杓子定規に本書の内容をなぞる必要はありません。指導アラカルトや遊びアラカルトで紹介されているプログラムをもとに、園のスタイルや子どもの状態に合わせて、子どもが「無理にやらされる」ではなく、「もっとやってみたい」と自然に思うような指導につなげてほしいと思います。

笹田 哲

● 著者 ●

笹田哲（ささだ　さとし）

神奈川県立保健福祉大学リハビリテーション学科作業療法学専攻准教授（現 同大学教授、リハビリテーション学科 学科長）。作業療法士。博士（保健学）。明治学院大学大学院文学研究科心理学専攻修了（特別支援教育を専攻）。修士（心理学）。作業療法と学校・園の連携を研究テーマとし、これまで学校・園を数多く訪問して、実際に発達が気になる子どもたちの支援に取り組んできた。NHK特別支援教育番組の企画協力、横須賀市支援教育推進委員会委員長も務める。著書に『気になる子どものできた!が増える 体の動き指導アラカルト』『発達障害領域の作業療法』（共著、以上、中央法規出版）『「かしこい体」のつくり方』『学校での作業療法』（以上、山洋社）等がある。

● モデル ●

遠藤直人（えんどう なおと）
竹下勝貴（たけした まさき）
竹下雄貴（たけした ゆうき）
深津　楓（ふかつ かえで）
古閑夏実（こが なつみ）
笛木舞子（ふえき まいこ）
笛木梨花子（ふえき りかこ）
野本羽琉（のもと はる）
矢澤優汰（やざわ ゆうた）

● スタッフ ●

編集・制作　株式会社ナイスク（http://naisg.com）
松尾里央　石川守延　大熊静香　岡田かおり
日野　綾　高田　茜　木村信之
撮影　中川文作
カバー・本文デザイン　レンデデザイン（小澤都子）

気になる子どものできた！が増える

3・4・5歳の体・手先の動き指導アラカルト

2013年4月 8 日　初版発行
2024年6月20日　初版第8刷発行

著　者　笹田 哲
発行者　荘村明彦
発行所　中央法規出版株式会社
〒110-0016　東京都台東区台東3-29-1 中央法規ビル
TEL 03-6387-3196
https://www.chuohoki.co.jp/
印刷・製本　ルナテック
定価はカバーに表示してあります。
ISBN978-4-8058-3812-9